これで 落語がわかる

知っておきたいアイテム112

京須偕充

目次

目次

これで落語がわかる

——知っておきたいアイテム112

1――落語って、なんだ？

「何ですか、この行列は？」

「寄席《よせ》ですよ。ここで落語を聴くんです。おもしろい話を聴いて笑うン」

「あ、そう。そいつァいいや。おれも聴こう」

「じゃ、お並びなさい。木戸銭用意して」

「え、銭《ぜに》払うの？　笑うのに。ばかばかしいなあ、やめた。家《うち》ィ帰って、かみさんに腋《わき》の下くすぐってもらわァ」（小咄《こばなし》）

早速、ここで緊急の世論調査。

その一。あなたは落語を知っていますか、知りませんか。

その二。落語が好きですか、嫌いですか。

その三。落語を聴いたことがありますか、ありませんか。

そのほか二、三の調査項目があるが、それはひとまずおいて、さて調査の結果は？

ちょっと待ってくれよ、そんな世論調査、いつあったんだい？

そのご不審はごもっとも。これはあくまでも仮想の話です。実施してほしい、結果が楽しみでも、おそろしくもある調査だけれど、実現の見込みは、まず永久にないだろう。

なぜなら、まず公的機関が手を出すはずがない。それは誰もがおわかりだろう。対象が落語だから手を出さないのではない。オペラだろうと能・狂言だろうと同じことだ。それが口では文化立国を標榜しながら実態は公益という名の実益を優先してお茶を濁す行政の本質だろう。学術芸能ゆえに質を重んじて量の判定を避ける見識なのかどうかは、ご想像にまかせよう。

メディアもまた、こんな調査をやりはしない。そんな一般性の低い事柄をいちいち取り扱ってはいられないし、どんな結果が出たところで購読者や視聴者の関心を呼ぶこともない。はっきり言やァ、商売にならない調査なんかに鼻も引っかけないのが、「社会の公器」のIQの高さなのだ。武士はたらふく食って高楊枝。

そのくせ、寄席が廃業したり、落語家が命を絶ったりすると、メディアは突如として同情を寄せたり感傷にふけったり、あるいは社会派ぶった評論を加えたり、不可解な行動をとる。日頃、世論の調査を怠り、芸能世界の内部事情を親身に実感していないから、不可解な行動の結果は一段と不可解な報道を生む。

公的機関やメディアは、落語にしてもオペラにしてもだが、生身《なまみ》の芸能芸術を尊重すれども調査せず――に徹しているけれど、DVDプレーヤーやハイビジョンTVの生産、販売台数の統計だとか視聴者の購買動向など、芸能芸術の伝達・再生ツールに対しては掌《てのひら》を返したような行動に出る。結局、「文化文化」なんてお題目なのだ。産業立国の実体は永遠に続くだろう。

ひねくれたこと言うじゃねえか、とおっしゃるなかれ、これくらいの皮肉居士《こじ》でなけりゃ、落語との付き合いは深まらない。異論のある方は落語なんか見捨てて、笑いたければ側近の者に腋の下をくすぐらせればいい。

落語家の協会や寄席などの落語関連団体、企業も世論調査には手が回りかねる。それをやる人材はいないし、調査会社に依頼する資金もない。

いや、やれないことはないよ、各種落語会で実施しているアンケート調査を拡大、一本化すればいいのさ、なんて後生楽《ごしょうらく》はご免こうむる。落語を聴きに来た人を調べたって、鰻屋《うなぎ》の匂いで腹をいっぱいにする、あの小咄と同じことだ。

美女との再会を夢見た『三軒長屋』の鳶《とび》の若い衆さえ、その美女の家を訪れて「隣の鳶頭《かしら》の家《うち》はどこでしょう」と尋ねる迷案は実行しなかった。

2——ハナシカとカモシカ

むかしァね、田舎ィ行くってえと落語なんぞ何だかわかってもらえなかったン、ええ。はなし家が来たってんでね、鉄砲持って追っ駆けられた……。カモシカとまちがわれてね。

まァ、いまじゃァお陰様でそんなことはなくなりましたが、それでもね、どうかするってェと座布団が五枚、横に並んでたりね、おや、お一人なんですか？　なんて言われたりしますなァ。

　変なこと言って座布団のとりっこするの、あれ、落語じゃァありません。（まくら）

　どうせ見込みのない落語の世論調査だから、ごく基本的な三項目のみをとりあえず例にあげてみたのだが、そのほか二、三の調査項目というのは（落語を聴いたことがあるなら）「どういう機会と場所でしたか」「好きな落語と落語家は？」、「これからも落語を聴きたいと思いますか」、（まだ聴いたことがなければ）「聴きたいと思いますか」。そのほか「落語の将来性をどう考えますか」など、細かい話になってくる。

　こういう調査が、おそらくまともにされたことなんかないし、される可能性は限りなくゼロに近いという実態がある。一方では、落語三百年、寄席二百年ともいう実績、すなわち歴史がある。そして、お世辞にもマジョリティに基盤があるとは言えない実情もある。にもかかわらず落語は、なお旧派演芸の王座を占め、「名人」の桂冠が近い過去に実在し、なおタレントの苗代《なわしろ》になりうるほどの実力を維持している。

　と考えてみれば、落語とは極めて不可思議な存在である。

「いわく不可解」を突き詰めて日光の滝壺に身を投じたのは明治の若き求道者だったが、落語の不可解は、笑いの泡の力で滝壺に沈んだ人間をも水面《みなも》に浮き上がらせてしまう。落語をただのお笑い草とあなどるなかれ。

どうも、落語はただものではなさそうだ。

それやこれや思いめぐらすにあたっての、基本的なデータに不足があるため、世論調査あれかしとは思うのだが、ないものねだりをいつまでしても与太郎にかぼちゃを売らせるようなものだ。半世紀を超える自分の落語体験からすべてを割り出すことにしよう。「予《よ》がフランスである」ほどの自信などないが、仮想・落語世論調査は仮想の結果を出させていただく。

調査その一。落語を知っているか、いないか。

八割は知っている。一九六〇（昭和三十五）年前後のラジオでの落語インフレ現象が落語の認知度を飛躍させた。七〇年代以降、学校寄席をはじめ落語の市場が社会現象的に拡大したことも、この傾向を助長している。はなし家・カモシカ誤認説が笑いをとったのは大正期のことだ。百歩譲っても昭和戦前のくすぐり——むかし風のソフトなギャグということだろう。

カモシカそのものを鉄砲で追い駆けてはいけない時代になり、増えすぎたカモシカによる森林食害が問題になっている。過保護が自然淘汰の摂理を破壊しているらしい。ハナシカの人数も史上最高を数える皮肉な現実が、この古いくすぐりをかろうじて現代に生かしているようだ。

「笑点」流に何人かで大喜利《おおぎり》をやるのが落語だと思っている人が少なくないが、当たらずと言えど遠からずと大目に見よう。とはいえ、遠からずと言えど当たらずのまま、いいおとなに納まっていくような人たちは、落語を聴くよりも落語の登場人物になるほうが似合っている。

その二。好きか、嫌いか。

前項「知っているかいないか」で、どんなにいい結果が出たとしても安心してはいけない。空に雲があるのを知らない人はいないが、「雲をつかむような話」というくらいに、ただ知っているだけのことなのだから。好きなら、どう好きなのかがポイントだ。ゴキブリだったら、みんなが知っていて、みんなが嫌いという結果になる。

好きと答える人は相当多いだろう。嫌いを大きくしのぐかもしれない。二者択一でなら七対三の勝利ではなかろうか。拒絶反応というアレルギーを持たれにくい芸能である。疲れたから落語でも聴いて笑ってこようか、とむかしから癒《いや》しの代名詞のようになっていた。好きと答えたほうが話のわかる人と思われやすい、その程度のステイタスはある。

だが、「どちらとも言えない」を選択肢に入れれば、おそらくそれが五割以上を占める。好きは三割に落ちるだろう。落語は嫌いじゃないが、求めてまで聴かない。そんな地点に着地する。

それでいいのだ。落語に限らず、芸能の趣味は信仰でも恋愛でもないのだから。

その三。聴いたことがあるか、ないか。

この設問は少し不親切だ。実演を、当世風に言えばナマ落語を、聴いたことがあるかないかと問えば、あり、は全国的には三割強がいいところだろう。それでも、カモシカ誤認時代とはくらべものになるまい。

放送、ＣＤなどを通じての体験までを問えば、これは設問一、二とダブってくるから、仮想数値に頭をひねる意欲がわかない。聴いたことがあるのに落語を知らない、したがって好きでも嫌いでもない、なんてヘンテコなやつ、いるわけないものね。

が、それが常識のあさましさで、そういうやつがひょっこり飛び出してくるから落語はおもしろいんです！　ま、それについては、ずっとあとでお話しできるかも……。

いや現実の人間だって、バーチャル思考に浸りすぎて、斬られても赤い血が出ないやつは、そんな考え方をしている。ただし、落語の登場人物とちがって少しもおもしろくないやつだけど。

さて、話を戻す。

落語は、まずはそこそこという以上に知られ、聴かれ、好かれてはいるが、日本中を夢中にさせる力なんか一度も持ったことがない。この先ますますその見込みがない落語。だけど、なぜか不死鳥のような落語。

落語とは、何で、何がどうしてどうなって、どういうものなのだろう。落語の不可解とおもしろさ。不可解ゆえのおもしろさか、おもしろ過ぎての不可解か。ま、そんなことはどうでもいい。まずは不可解より先に、可解を文字通り可解にすることだ。いろはを忘れてはいけないね。

落語とは？

それを解明したら、いまなお国際的に不可解と言われる日本と日本人を理解する手がかりになるのでは。

……なんて大束《おおたば》なこと言うの、もっとも反落語的なんだ。野暮《やぼ》の骨頂、鱈《たら》の頭であんにゃもんにゃ――だと落語は言っている。

3―これこそ落語だ

ひとつ、落語らしい落語をと言われれば、『粗忽長屋《そこつながや》』ということになる。

ある日、粗忽者ひとり、浅草寺《せんそうじ》――浅草《あさくさ》の観音様へ詣でる。雷門《かみなりもん》あたりに人だかり。聞けば行き倒れとのこと。なるほど男がひとり倒れている。粗忽者は声をかけた。おい、起きろ。

いや、と取り仕切る人は言う。起きないよ、そいつ死んでるんだから。

え、イキダオレったら生きてんだろ？　死んでるんならシニダオレだい。

変な人だな。ま、顔を見てやっておくれ。身元不明なのでみんなに見てもらっているのだから。粗忽者は行き倒れの顔をじっと見る。あ、熊の野郎だ！　あさましい姿になっちまったなあ。

よかった、これで身元判明。隣人だと言うのなら、家族に知らせてやってくださいよ。

いやァ、こいつは身寄りがないんです。

それは困ったな。おまえさん、引き取ってくれないか。

粗忽者にも考えるところがあったのか、それはためらう。こうしましょう、いまここへ本人を連れて来ます。本人がよォく見て、なるほどおれにちがいないと言えば、これは本人が言うんだからたしかだ。で、本人が死骸を引き取れば文句はねえでしょう。

おい、しっかりしとくれよ、本人……って、ここに倒れているのが本人なんだから。

いえ、こいつはそそっかしい野郎でね、今朝も観音様へ誘ったらボンヤリしてて、何だか自分の体じゃないような気分だから行きたくないって言ってたン。

それなら、別人だよ。この人、ゆんべっからここに倒れてるン。

いやァ、何しろそそっかしいから、死んだの忘れてておめえの家《うち》へ帰ったにちがいありません。とにかく本人をここへ連れて来ますから……。

おい、熊っ。てめえ、煙草《たばこ》なんぞ喫《の》んでる場合じゃねえぞ。驚くなよ、おめえはな、浅草の観音様で死んでるよ。

ん？　そんな気がしねえなァ。

それがおまえは図々しいてんだ。ゆうべはどうしてた？

吉原《なか》ァひやかして馬道《うまみち》の夜明かし（の居酒屋）で飲んで雷門あたりまでは覚えているが、どうやって帰って来たかは覚えがねえ。

そォれ見ねえ。悪い酒にあたって、雷門でぶっ倒れて死んだのを忘れて帰って来たにちげえねえや、しょうがねえ野郎だな本当に。死骸を他人に引き取られちまったらどうするんだ。さァ早く来い。

どこへ？

てめえの死骸を引き取りに行くのよ。

……いまさら死に目にあいたくない。

何を言やァがる、来いっ！　あ、さきほどはどうも。本人を連れて来ました。

また来たか。困るな、どうも。よく見てごらん、ちがうんだから。

じっと見ていた熊はハラハラと落涙した、これは、あっしです。やい、このおれッ、なんてェあさましい姿に……。

二人で死骸を運ぼうと抱きにかかる。ダメだよ、ちがうんだから！
うるせェ、自分のものを自分が引き取って何が悪いッ。
「だけど兄貴、抱かれているおれはたしかにおれだが、抱いているおれはいったいどこの誰だろう」

これが『粗忽長屋』。二〇〇二年の五月に天寿を全うした五代目柳家《やなぎや》小《こ》さん（一九一五〜二〇〇二）全盛期の高座が、おそらくこの噺の史上最高の名演だったろう。

自分が死んだと素直に思い込み、自分の死骸を引き取りに行くという非常識が噺のテーマであり、おもしろさの主体であり、笑いの源泉となる。その〝非常識〟に我慢ができず、そんなばかな話があるものかと鼻先であしらう方々は、どうぞ落語からお引き取りくださいまし。

4――おもしろさのツボ

いくら笑い話と言ったって、自分の死骸を引き取るの取らないのは論外、あまりにもばかばかしい、と思う人は、落語が好きと答えた人にも少なからずいるのではないか。落語としてもちょっと行き過ぎ、ぐらい言い出しかねない。どちらかと言えば好き、な程度の人だと、そんなせりふで体裁をつける可能性すこぶる大。誰でも、われこそは常識人だと思っているからね。

芝居にしても小説にしても、フィクションに実生活の反映を見たがる人はとても多い。そういう人は自分の体験や思いと重なった部分でしか感動を覚えないから、ホームドラマやノンフィクション、とりわけて企業の内幕ものに人気が集まったりする。そういう人たちもほどほどに落語と付き合ってはいるのだが、彼らが落語の虜《とりこ》になることなんか、まずないと言っていい。

なるほど『粗忽長屋』の男二人はそそっかしいにもほどがある。そんなやつらがいるもんか。だが、あんなに長いこと錯覚し続け、説得されても感じない粗忽重症患者は〝いるもんか〟なのであって、いわゆるそそっかしい人間はいたるところに腐るほどいる。

沈着冷静な人間も、事が起これば一瞬の粗忽をしでかす。勘ちがいや忘れ物の経験が一度もないなんてやつのほうが、それこそいるもんか、だ。いてたまるかってんだ。いたら、そいつのほうが重い病気にかかっている。

忘我や思考停止が一瞬どころか少し続くことだってしばしばある。だから、何かというと「アタマの中」が真白なんて月並みな表現が横行する。腹の黒いやつでも頭の中は白くなる。そのとき、顔が赤くなっているか青くなっているか、それは知らない。

ふつうにそそっかしい人間をふつうに描いたのでは、当たり前すぎておもしろくも何ともない。日常的なことというのは、そのときその場で観察した人間にはいくらかおもしろく見えるのだろうし、当事者が楽しく回想することもあるだろうが、作品として永続するほどの笑話にはなりっこない。

そこで落語は、極端な粗忽人間像を作る。粗忽の典型として、周囲の普通人と対比させ、そのコントラストから笑いを生み出していく。

『粗忽長屋』には三人の人物しか登場しない。一人は最初に思い込んだ粗忽者、二人目は熊と呼ばれる、体の二つある? 男。三人目は行き倒れを衆人に公開管理している町役人のような役割の人物。前者二人は粗忽の典型、三人目は類型的な普通人。三人を結ぶトライアングルの三辺上にさまざまな笑いが生じるという構造である。

そのほかに、いっさい口はきかないが、大勢の人々がそのやりとりを注視観察、もしくは傍観している。芝居なら、〝その他大勢〟の役者がいっぱい舞台に集まって場面をつくる。落語の場合は、とくにこの噺の場合は、聴き手が群衆の一人一人になるのだ。この、妙にこんがらがってしまった事態に呆れ、あるいはおもしろがって取り巻いている人々は、じつは聴き手である。芝居だって同じことなのだが、その他大勢の群衆役者が具象的に場をつくっていると、観客はどうしても〝そのまた次〟の観察者になりがちだ。つまり、いわば間接観察者、二乗の傍観者になってしまう。

落語では、演者はどこまでいっても素顔のたった一人だ。言葉だけで必要最少限の登場人物と事態とを表現しなければならないから、とても群衆にまでは手が回りかねる。そこで聴き手は容易に直接観察者になれて、主体的に噺の中に入っていける。噺に参加、参入できる。

ここが、落語のおもしろさを体得するツボなのだ。それが、落語という一見ひどく古風で地味な芸能の、しかし破天荒な魅力の核心なのである。ツボを知った人は落語の虜になってしまう。落語を聴いていると、ちょっとした超能力ワールドに遊べる、というわけだ。

噺の中の人間の典型と類型のコントラストは、楽しみのツボをつかみやすくする。一方は奇想天外に描き、他方は、また周囲の状況は至極実体的、現実的に描く。これが落語の基本構造であり、摂理なのである。

それを如実に感じさせるのが演者の表現力、芸というものだ。落語家の場合は、俳優のように写実的な演技を磨いても、こんな超・粗忽者は表し切れないので、まずコントラストの構図をつくるのが表現の生命線となる。

さらに、聴き手が参加しやすいように、口をきかない群衆の存在を如実に感じさせるほどの情景描写力が備われば、名人芸の『粗忽長屋』が誕生する。

登場人物三人の、いや二対一の意識のズレが連続して思い切り笑わせたあと、いよいよ大詰めがやってくる。

「抱かれているおれはおれだが、抱いているおれはいったい誰なのだろう」

ひところ、「ここはどこ、私は誰?」という言い方がはやった。正真正銘意識不明の状態ならば、こんなことは言いっこない。じつは覚めている、あるいは覚めかかっている状態が言うせりふだ。熊もおぼろげに覚めかかったのか、と思わせる地点で噺がプッツリと切れるのは、見上げた高等戦術ではないか。

覚めかかったのであるならば、熊は一歩大きく、群衆に、聴き手に近づいたことになる。それまで社会的異物として笑いの材料になっていた熊が普通人との心の交流をつかみかけた時点で、この名作落語はあっさり完結している。

5——こわいほどおもしろい『あたま山』

しかし、『粗忽長屋』のサゲ（落ち）の発想にやたら感心することはない。落語にとっては、こんな発想、お茶の子サイサイなのだから。落語のオリジンのようにいわれる『あたま山』という噺はこうだ。

サクランボの種をうっかり呑み込んだ。腹の中で芽が出る。脳天を突き破って桜の木はすくすくと育ち、男の頭上に高くそびえ立った。

春、花は満開。男の頭の〝山〟に花見客が押しかける。うるさくてたまらない。頭の崖から落ちた酔っ払いが耳を足場にして這い上がったり喧嘩をしたり、とてもかなわない。うるせェ！　と頭を左右に大きく振ったら、大地震だとみんな蜘蛛《くも》の子を散らすように逃げ去ったが、花もすっかり散ってしまった。

また来る春が思いやられる。植木屋に頼んで桜を抜いてもらう。頭に大きな穴があいた。傘なしで歩いて夕立にあう。穴にいっぱいの水が溜まった。

あたま山のあたまヶ池、フナがコイがウナギが棲《す》みつき、釣り人が新しい〝アナ場〟と大勢やって来た。舟宿ができて何艘も涼み舟が浮かぶ。芸者、幇間《たいこ》を乗せてにぎやかにチャラスチャラカチャン、〽吹けよ川風、揚がれや簾《すだれ》、中の芸者の顔見たやァ……。あーァ、うるさいなァ、もうつくづくイヤ。生きているのもイヤになった。

この男、自分の頭の池に身を投げて消えた……。


シュールだ！　と『あたま山』は讃えられている。じつは聴いてそれほどおもしろい噺ではないのだが、これほど奇抜なサゲは滅多にない。

アイデアもストーリーも終始一貫シュールだが、そのシュールがピークに達するのはこのサゲである。そして、聴き手は非現実の思わぬ現実を直視させられる。

自殺を結末にするために噺はシュールを装い続けていたのか。自殺する者は周囲や世の中の流れを泳ぎ切れなかった人間のように見えるが、じつは自分自身の心の淵に自らはまって溺れてしまう人間ではないのか――。

落語は、こわくておもしろい。

6——落語は奥が深いか

「あくびの稽古所？　何だいそりゃァ。そんなおめえ、退屈すりゃァ誰だっていつだって、ホワーあ…とすぐに出てくるようなもん、稽古したってしょうがねえじゃねえか」

「うん……、だけどその、誰だって、いつだって出てくるようなものを、あえて稽古をする、そこにィ……、奥の深さを感じるなーァ」（柳家小三治の『あくび指南』から）

「奥が深い」と、よく言う。

そう、落語は奥が深いんですよと、そろそろ言いたいところだが、「奥が深い」というレトリックが近頃あまりにも安直に使われているから、歯を食いしばって……、と言うほどでもないけれど、言わないことにする。

釣りは奥が深い、ゴルフは、カメラは……はまだしも、焼酎は、ラーメンは、ドライブは奥が深いとまで言われると、最近開通した地下鉄ほど深かァねェと言ってやりたくなる。「深い」が、ごく浅く使われているのだ。浅瀬に泳ぐ雑魚《ざこ》には、どこもかしこも深く見えるのか。

ま、『品川心中』の金蔵のように水深膝までの海に投身して、横になったまま溺れかけたトンチキまで、落語は人間の品揃えをしているけれど。

深いの浅いのと言ったところで、落語は哲学ではない。哲学にニアミスするくらいのことはあるし、落語に哲学を感じる聴き手には敬意を表すが、落語は深いと感じられることを求めたりはしていない。求めないところに哲学性を――奥の深さを感じるなあ、と思い込むのは、その人の自由。

だから洒脱には見えても、落語に「悟り」はない。悟ってしまったら落語にならないよ。七代目（自称は五代目）立川談志《たてかわだんし》（一九三六〜二〇一一）は、落語は「人間の業《ごう》の肯定」と喝破したが、業にからむ悟りなんてややこしい話だ。もっとも、業なるものを否定しないで超越するのが悟りなのだから、否定より肯定のほうが、超越＝悟りにいくらか近いとも言える。業って何だ？　まだ食ったことがねえや、とはぐらかすほうが一段と落語的さ。悟りや哲学と無縁になれてスッキリする。

もちろん、落語の奥を深く思うのも、悟りに似た何かを発見するのも、その人の勝手ではある。落語も三百年の齢《よわい》を重ねたため、いわゆる名作とか名演とかがそんな作用を生むようになったのだろう。

三遊亭圓朝《さんゆうていえんちょう》（一八三九〜一九〇〇）作の『心眼』は按摩の梅喜《ばいき》がもう一度光明を取り戻したいと信心をする噺だ。その信心の満願の日にめでたく視力が回復した。久しぶりに見る世界。知人から梅喜の女房はまたとない世話女房だが希《まれ》に見る不器量だと聞かされる。そこへ療治先《りょうじ》の芸者が現れた。内心梅喜に惚れているという彼女は美しい。二人は意気投合して待合《まちあい》の一室に入ったが、そこへ梅喜の女房が飛び込んで来た。女房が梅喜の首を絞める。苦しい……。

目が覚めた。いつもの自分の家。世話女房がやさしく言う。さ、きょうが信心の初日、一生懸命お願いしてね、どうか目が明きますようにって。

「いやァ、もう信心はよそう。盲人なんて妙なもんだねえ……。寝ているうちだけ、よおく見える」

八代目桂文楽《かつらぶんらく》（一八九二〜一九七一）で聴くと、このサゲが悟りのように聞こえたものだ。圓朝は禅思想にかぶれていたから、そんな作意はあったのかもしれない。黒門町の師匠・桂文楽に禅の心得があったとは思えないが、声とイキと――、つまり芸がいいから、聴き手は「悟り」をさえ感じたということか。

落語はどれも、いつも人間を描いている。「はなし家は世上の粗《あら》で飯を食い」と言うように、落語は人間社会の実相を戯画にしたものだから、その人情や欲望、不安や努力、善意も悪意も題材にしている。それこそ「業の肯定」なのだが、噺の結末、いわゆるサゲ、落ちのところでクルリと体をかわし、意表を突いたり正反対を見せることもある。

そこで笑ってお開きになるというわけだが、その結末に一瞬の哲理や悟りを見ることも、希にはある。そこにまた、落語の不思議な魅力があり、三百年の歴史を保つ秘訣もあるらしい。

そうした感銘を生むのはしかし、選ばれた〝名人〟の奇跡であって、落語そのものは、いつもおもしろさを第一義として今日まで生きてきた。

7―異変が笑いを生む

「壷を買いに来たんだが、売っておくれ」

「へい、壷はそちらにございます」

店先に壷がいくつか、伏せて置いてあります。

「これが壷？　妙なもの売るなあ。口が開いてねえじゃねえか。なんだいこれァ」

くるっとひっくり返して、

「あ、底も抜けてやがる」（粗忽の小咄）

年頃の娘は箸《はし》が転げても笑う、とむかしから言われる。箸が転がった程度でも笑うということだが、どんなに心が青春に弾んでいたとしても、箸も何も転がらなければ笑いはすまい。何でもないのに笑えば病院に連れて行かれかねない。箸は転がりやすいものだが、荒海の船の上ならともかく、転がるためにこの世にあるわけではない。それがなぜか転がったという、ささやかで至極ありふれた異変が、年頃の娘の弾む心を笑わせるというわけだ。

駅へ向かう歩行者たちが整然と流れている光景はおもしろくもおかしくもないが、中の一人が行方定めずウロチョロしたり、つんのめって転んだりすれば笑いのタネになる。これもささやかな異変だ。

ささやかなので気がつかない人もいる。みんなが笑っているのに一人だけ置いてけぼりのやつがキョトンとしていれば、これも笑いのタネになる。これもまた、ささやかな異変。

幼児や年寄りが下降するエスカレーターの前で昇ろうとマゴマゴしている図は、現実味の薄い無声映画の画面ならば笑いを生むが、現実に目《ま》の当たりにすれば、あわてて手を差しのべることになる。これもささやかな異変だろうが、穏やかではない。

赤信号を無視してクルマが突っ走って来れば、笑うどころか恐怖だ。大きすぎる異変が笑いを生まないのは当然のこと。

慣れてしまって異変への反応が麻痺することがある。そうなると、閣僚や要人の口から不適切コメントが飛び出したりする。そういう不覚人たちは笑える笑えないの区別のポイントが狂っているから、落語はきっと理解できないだろう。これもまた、どうでもいいけどあざ笑える、ささやかな異変ではある。

笑いを生むささやかな異変とは、目に見えるものばかりではない。意識、感覚のズレや、言葉の取りちがいも、ささやかな異変のうちだ。『粗忽長屋』の意識の混乱は、その極限を描いている。

むかしから人間は意識のズレ、くいちがいを意識的に操作して遊んできた。洒落《しゃれ》や冗談は、それを言葉で行ったものだ。誰もが、人間社会の営みの中で下手にせよ上手にせよ、日常的に用いる洒落や冗談。それが芸能化し、稼業としても確立したのが、落語や漫談や漫才である、と簡略に言ってしまってもいいだろう。

いまもむかしも、日常生活に笑いを生むのは「ささやかな異変」だろうが、芸能においては、また約束事の上に成り立つフィクションにおいては、異変はささやかにとどまってはいられない。かくて『粗忽長屋』の粗忽者は、まじめに真剣に、当然の如く自分の死骸を自分で引き取ろうとする。そのとき、彼にとっては、それを制止する世間のほうが、ささやかでないほどに異変の状況なのだろう。

8—落語の細胞核

みんなが日常に言うジョーク、冗談、そして洒落。それが落語の最小単位、すなわち細胞核である。

と、大上段に振りかぶるのは、落語のセンスに合わない。

落語というものは、「はなのうちは、ごく短いもんでありまして」と、明治なかばに生まれた五代目古今亭《ここんてい》志《し》ん生《しょう》（一八九〇～一九七三）はあっさり片付けていた。

いつも引き合いに出される小咄。

「空き地に囲いができたね」

「へーえ（塀）」

なるほど短い。少し目線の演技とシンプルなしぐさを加えてみよう。

「（見上げて）鳥の落とし物」

「ふうん（糞）」

もう少し会話らしくすれば、

「その帽子、どいつ（何奴《どいつ》）ンだ？」

「おらんだ」

Ｑは江戸っ子、Ａは田舎者。初歩の人物描写である。言うまでもあるまいが、これはドイツとオランダにかけた洒落だ。不特定の男を指す何奴は当世風の言い方ではなくなった。庶民の慣用句「何処《どこ》の何奴」も、都々逸《どどいつ》同様に時代物になってしまった……と、これは落語にならない駄洒落でござんす。

「囲いで塀」の小咄を毎度漫然とやっていたからだろうか、まちがえた落語家がいたそうだ。

「空地に塀ができたね」

「……」

落ちをつけるどころか、掘った穴に自分が落ちた。「……」で終わったのでは、ただの失敗談でおもしろくもない。彼、きわどく切り抜けた。

「空地に塀ができたね」

「カッコイーイ（囲い）」

何がカッコイイのかさっぱりわからないが、もののはずみが生むおもしろさがある。古めかしいオリジナルより、「こっちのほうがウケたそうです」と、三代目古今亭志《し》ん朝《ちょう》（一九三八〜二〇〇一）までもが高座でしゃべっていた。誰の作った新・小咄なのか、志ん朝がやったのも地方の高校寄席でのことだった。

洒落冗談から小咄が生まれ、それがふくらんでストーリー性を帯び、小咄同士が合体したり、演者が演技上のスポットをしつらえたり、もろもろあって、おびただしい数の「作品」と呼ぶに値する噺——落語が生まれ、それを演じる落語家が絶えず誕生している。それが煎じ詰めた落語の歴史と現状——。

読む小咄はフランスにも中国にも、およそ世界中にあるのだろうが、「こんなばかばかしいことをしゃべってお銭《あし》をいただくのは、日本の落語家だけだそうでございます」と昭和落語の雄・三代目三遊亭金馬《きんば》（一八九四〜一九六四）は高座で言っていた。「ありがたいような、情けないような話でございます」と、自慢と卑下を混ぜた冗談にしたのは、いかにも落語家らしい表現だった。

9―テレビ次元の駄洒落とは

「囲いで塀」なんて、考えてみれば、いや、考えるまでもなく、つまらない小咄だ。こんなもので心から笑える人がいるとしたら、よほど人生の栄養が足らなかったのではないか。

それでも、とにもかくにも二人の人物が対話するスタイルをとっているから、「小咄」の資格はある。もちろん、最小最短型の小咄である。このレベルの〝言葉遊び〟は、一人の人物の独白スタイルだったら、ごくプリミティブな洒落にしかすぎない。駄洒落と言っていいだろう。素朴で嫌みのないところが、せめてもだろうか。

テレビを見ていたら当世の駄洒落ベストテンらしきものを発表していた。おそらくは若者たちが軽く言い合っている駄洒落のうち、みんながよく使うものを選んで順位をつけたのだろう。二〇〇四年一月なかばの放映だった。

1　電話にでんわ
2　トイレに行っといれ
3　布団が吹っ飛んだ
4　猫が寝ころんだ
5　下手なシャレはよしなしゃれ

6　アルミ缶の上にあるみかん
7　コーディネートはこーでねーと
8　カレーはかれえ
9　レモンの容れもん
10　内容がないよー

どれをとっても〝内容がないよー〟、順位があるのが不可解なくらいの駄洒落ぶり。ここまで駄に落ちないと高い使用率を得られない世の中なら、高支持率を誇る政権の政策なんか全く当てにならない。10位と5位に敬意を表して「内容がないような洒落はよしなしゃれ」と言っておこう。

内容以前に言葉遊びとしても幼稚極まりないが、文字にするとなおさら欠陥が露呈するのであって、こんなものでも日常会話の中、いいタイミングとウィットを得て交わされれば、案外笑いを生むだろう。その点は江戸時代の洒落も現代のジョークも同じようなものだ。

つまり、二十一世紀初めの駄洒落ベストテンも、十八、九世紀の骨董駄洒落も、それ自体、単体としては多寡《たか》の知れた代物《しろもの》だが、そのありよう、使われ方と前後の流れ、周囲の状況によっては、大きな、質の高い笑いを生み出すことがあるというわけだ。

日常みんなが使い、そして使うそばから消えていくジョーク冗談洒落駄洒落が、じつは落語の細胞核である——というのは、こういうことである。

使用率高位の駄々洒落も一概にあなどれない。となれば、二十一世紀初期の日本に超高支持率を誇った政権の政策にも、それなりの功徳はあったということだろう。だが、ほんの小咄が落語三百年の礎《いしずえ》になったほどのものなのかどうか。

10―ジュゲムジュゲム

内容がなくて語呂合わせや言葉尻の引っかけに終わる駄洒落であっても、言葉遊びのおもしろさはある。歴代多くの流行語はそんなところから生まれているし、CMのキーワードや商品名にも言葉遊びは浸透している。

NHKテレビの子ども番組から落語『寿限無《じゅげむ》』の一節が全国の子どもに流行したのは言葉遊びだったからだ。親が子どもの長寿を願い、長命字句や長命事象をあらいざらい連らねて名付けてしまった。トップは「コトブキ限り無し」で「寿限無」。その経文《きょうもん》のように長い名前が不思議と舌に乗りやすい。

その語句はおとなが聞いてもわからないのだから、子どもに名前の由来や字義がわかるわけがないが、その言い立ての調子のよさと、かすかなもっともらしさと、奇妙なおもしろさが言語能力発展途上の子どもたちの感覚をとらえたらしい。

「寿限無寿限無、五劫《ごこう》の摺《す》り切れ、海砂利水魚《かいじゃりすいぎょ》の水行末雲行末風来末《すいぎょうばつうんぎょうばつふうらいばつ》、食う寝る処《ところ》に住む処、藪《やぶ》ら柑子《こうじ》藪柑子、パイポパイポ、パイポのシュリンガー、シュリンガーのグーリンダイ、グーリンダイのポンポコピー、ポンポコナーの長久命《ちょうきゅうめい》の長助」

五劫の摺り切れとは、三千年に一度、天人《てんにん》が天《あま》降り、羽衣《はごろも》で岩を撫で、岩が摺り切れるのが「一劫」なのだそうな。後半のあやしげなカタカナ名称は古代シルクロードあたりとおぼしき長寿国の名称と長寿だった王族たちの名前だという。ポンポコ……などは狸の腹鼓《はらつづみ》めいてインチキくさいが、いかにも子ども向きだ。

『寿限無』はおとなが聴いてあまりおもしろい落語ではない。だが、入門したての前座《ぜんざ》のための口慣らし——トレーニング用の噺として重用されている。鑑賞名曲ではなく、練習曲だ。

この言い立てを素人のおとなが覚えて喜んでいるようでは心細いが、子どもたちはここに本能的に言葉遊びを発見する。前座の口慣らしだった『寿限無』が、日本国民の口慣らしになったと言えようか。練習曲としては大いなる名曲と言えよう。

ただし、日本中の子どもたちが何年かにわたって意味も理由もわからないまま、「ジュゲムジュゲム」と唱えて成長したとしても、彼らが落語好きのおとなになって、落語の未来に光明が射すわけでも何でもない。「言葉遊び」は、まずは言葉遊び、そこにとどまればしょせん「言葉遊び」。細胞核が必ず落語になるという保証はない。

子どもたちはそれが「落語」であることも知らないままに舌のスポーツを楽しんでいるだけだ。しかも、ものごとを暗誦ゲームのようにしてしまうと遠からず飽きがくる。

符号化した言葉は大ヒットすることもあるが、落語本体のように長寿ではあるまい。

11──「ツ」と「ル」でできた落語

単純素朴な言葉遊びであっても、いや、言葉どころか、たんなる発声・発音遊びのようなものでも、その場の流れと状況次第で、そしてストーリーのつけ方次第で立派な一席の落語になる。

『つる』という噺はこうだ。

自他ともに許す物織りご隠居が、からかい半分に珍な由来説を伝授した。

鶴という鳥の名称の由来はな――、そのむかし、あれは首長鳥《くびながどり》と言ったのだよ。首が長いから首長鳥、文句はあるまいな。それがなぜ、「つる」に変わったか。

そこは大海の浜辺。波打際に巖《いわお》、そして松の大樹、佇《たたず》む一人《いちにん》の翁《おきな》。はるか唐土《もろこし》の彼方から一羽の雄の首長鳥がツーウッと飛んで来て松の枝にとまる。続いて雌の首長鳥が一羽、ルーウッと飛んで来て同じ松の枝にとまる。ツーウッ、ルーウッ。翁いわく、「おお、これはツルじゃ、つるじゃ」。爾来、ひとしくみな「つる」と呼ぶ――。

真に受けた男がさっそく友人を訪れて、付け焼刃の知識をひけらかした。

「辰っちゃん、鶴の名前のわけ、知りたいかい」

「知りたくない。忙しいんだ、おれは」

出鼻をくじかれたが、拝み倒して聞いてもらう。

「雄の首長鳥がな、ツルーッと飛んで来たと思いねェ。あとから雌がな……。ウウ……」

隠居宅に戻って確認。雄がツー、雌がルー。もう大丈夫、今度はしくじらないぞ。

「雄が一羽、ツーッと飛んで来てルッととまったんだ。あとから雌が……」

またもや絶句、友人が突っ込んだ。

「雌なんと言って飛んで来たい?」

「……黙って飛んで来た」


「ツ」と「ル」のたった二音で、これだけの噺になる。他愛ないと言えば他愛もないが、機知に富んでいるし、行間ならぬ語間に、知ったかぶりの愚と猿真似の愚との、ふた通りの愚が、そして人間の愚かさが簡単に、おもしろおかしく描かれている。前座噺に扱ってはもったいない。軽く明るくテンポよく運べば佳品に仕上がる。演者次第で名作にもなろう。

ここまでくれば、個々の部品は駄洒落に近いものであっても、立派な噺、「作品」である。

小さいながらもここまで完成した「作品」を一人語りで演じ、笑わせるとなれば、やはり落語は世界に類を見ない特別な芸能だと言えるだろう。

12——落語は進化する

『寿限無』と『つる』とでは、ともにシンプルな落語といってもずいぶん開きがある。『寿限無』には、いわばアンティテーゼがない。長命字句や事象を教えるほうも教わるほうも、多少は茶化したりたしなめたりはし合うが、対立はしていない。

寿限無少年成長ののちに起きる厄介な小事件にしても対立の構図らしいものはなくて、ただ困っている当事者たちの姿が簡単にスケッチされているにすぎない。対立の構図なき『寿限無』にはドラマの要素が乏しく、笑いもごく浅いところにとどまっている。

『つる』には、アンティテーゼが登場する。つる命名の由来を聞かされる辰っちゃんという職人だ。家の外で仕事をする出職《でじょく》ではなく、家で働く居職《いじょく》の職人。まあそれはともかく、彼は忙しい。暇な問答の相手をさせられて苛立っている。

主人公と辰っちゃんとの対立は「つる」の由来話ゆえに生じたちょっとした「異変」だ。平坦な交友の水の流れに生じた屈折。二人のズレと段差が水しぶきを上げる。たんなる駄洒落や言葉遊びでは得られない笑いが生まれる。年頃の娘でなくても心の中で箸が転がる。

それでも主人公が何事もなく「つる」の迷説を語りおえたなら、辰っちゃんのイライラもすぐに鎮静してしまったろう。その結果、「なるほど」と辰っちゃんが感心しても、「このばか」と呆れても、同じようなものだ。そんな「作品」なら、この落語はすぐに消えてしまったことだろう。

主人公は失敗した。この第一の失敗で『つる』という噺が一段成長する。『寿限無』には端的で致命的な失敗のステップがない。失敗したことで、大袈裟に言えば主人公自身の中に理想と現実の対立が起きる。こんなはずじゃなかった！　もちろんこれは意識と現実がズレる滑稽でもある。

こんな単純な話をまちがえるほどのトンチキだが、まちがいに気がつかないほどひどくはない主人公は、まじめに学習し直し、かえって失敗の上塗りをする。そこにはもはや新たな対立もまた対立の増幅も起きないが、ここまでくれば聴き手は安心して必笑パターンに身をゆだねることができる。フィクションを、芸を盛る器として、落語は成熟の過程に入る。

必笑パターンをさらにリピートしてパターン化の弊害に陥ることなく簡潔に終わるのもいい。こういう、噺の知恵を無視して欲に走り、パターンの屋上屋を重ねて結局は失敗する演者があるが、『つる』の主人公以上に懲りない輩というべきだろう。

こうして落語は進化していく。単細胞にひとしい洒落や冗談から複雑な形態と機能を持った大きな生き物へと姿を変えていく。落語三百年とは、そういう歩みと営みの年月だったろう。洒落から小咄へ、そして落語へ。やがて人情噺や芝居噺、怪談噺なども生まれ、寄席の十五日興行に合わせた続き物人情噺も登場する。と、落語の三百年史はごく単純に考えたい。しかし、『つる』は一人前の落語の原型のようなものにしかすぎない。『粗忽長屋』とは大差がある。『粗忽長屋』は、対立がドラマを生んで話が発展するという基本構造さえ超えているのだ。

いや、粗忽者二人と群衆を背にした町役人との間には対立があるじゃないか、そこから笑いが生まれているではないかと言われるだろうが、それ以上にこの噺では、二人の粗忽者がわれわれ聴き手の意識にアンティテーゼを投げかけているのだ。対立があると言えば、二人の主人公対われわれ、あるいは噺対われわれということになる。われわれ聴き手は、落語のフレームの中で繰りひろげられる滑稽劇の傍観者ではすまない立場に立たされて衝撃の笑体験を共有するのだ。群衆を背にした町役人は、いわば人とジュースの間のストローのような役割にしかすぎない。一見は町役人が対立の当事者だが、対立の一方の主体はじつはわれわれなのである。

人間の意識から生まれた洒落冗談は、その意識に育てられてストーリーの幹を太くし、人間界をさまざまに表現し、笑いのめして枝葉をひろげ、花と実をつけた。さらに『粗忽長屋』のような名作は、そして名人や爆笑王の至芸は、その意識をもコントロールし、支配するようにさえなった。

意識が生み出した落語とその芸は、いきつくところ聴き手を「無意識」の空間へといざなう。ここは「笑い」の極限の地だ。大声で笑うという意味ではない。この地に至れば、テーゼもアンティテーゼもないのだ。現世にもこんな「極楽」がある、とでも言おうか。

そして、そのあたりで落語は三百年に及ぶ発展の段階を一段落し、昭和以降、曲がりなりにも安定期に入っているように思われる。だが、隣り合わせに衰退の危機も迫っているのだ。

13—古典落語は私生児か

落語三百年あるいは寄席二百年。とにかく長い歴史の間に落語は何百という噺の数を揃えるようになった。洒落冗談や小咄の核が融合と分裂を繰り返した結果だ。新たに付け加わるもの、消えていくもの。二つに分かれる噺もあれば三つが一つに溶け合う噺もあった。その過程のほとんどは推測するだけで、記録をもとに詳細に実証することなどとてもできそうにない。

なぜかと言えば、落語の制作工房は主として寄席の高座にあったからだ。書斎で落語を書く作家は古来極めて限られた人材がいただけで、ほとんどの落語は各演者が高座で、あるいは高座体験をもとに練り、工夫を加えることによって進化発展してきた。

「古典落語もむかしは新作でした」という言い方をする人は多い。これは一見わかりやすい理屈だが、かえって落語をわかりにくくしてしまう、いささか幼い原理主義の論ではないか。

落語は、小説や戯曲、あるいは音楽作品のように、誰かが書いていつ出版したと特定できる「作品」ではないからだ。いろいろな演者がさまざまに演じているうちに次第に落ち着くところに落ち着いて、混沌としていた噺の星雲がくっきりと一つの天体の形をなした――、のではないか。

多分に自然発生的な、と言っては語弊があろうが、複数の作者（落語家）による、長期にわたっての意識なき合作によって大部分の〝古典落語〟は〝作られた〟、いや、生まれたのだ。「作」といってもその程度のことである。昭和以降の、名作にせよ凡作にせよ明白な意識のもとに作られた「新作落語」と〝古典落語〟とは、成り立ちが全く異なっている。

古典もむかしは新作だと言ってのける人は、〝古典〟の成り立ちを考えたことがないか、または平成の時点でなお「新作」を軽んじているか、あるいは逆に新作至上主義の権化か、だろう。

ベートーヴェンの作曲したクラシック名曲も創られたときは前衛だった――の論法は伝統芸能、とくに落語には全く場違いである。

古い歴史がある芸能では、しばしば「作品」の戸籍を明確に文書化できない。『元犬《もといぬ》』ではないが、生みの親は推測するにとどまる。みんな私生児的だ。人類社会の始めもそんなものであったろうな。

〝古典落語〟のほとんどは、和歌の道でいう詠《よ》み人知らずである。日本各地に伝わる民謡は作詞作曲ともに、やはり詠み人知らずだ。曲調も歌詞も近隣に多くの類似品がありながら、それぞれに個性的で、いわば兄弟姉妹の関係にある。民謡にも大正以降に作詞作曲された「新民謡」が山ほどあるが、民謡の世界では「古典もむかしは新作」流の理屈は通用していないようだ。

民謡よりずっと作者らしき人物像が明確な能狂言、人形浄瑠璃、歌舞伎なども、伝説、説話などとの関連をたどってみると、だいぶ詠み人知らずの傾向を帯びてくる。いわゆる「道成寺《どうじょうじ》もの」の系列を見れば明らかだろう。

基本が詠み人知らずだから、落語は自由だった。いまもむかしも、落語には定本になる台本はない。演者ごとの速記録はたくさんあるが、これを参照するのではなく、台本にするようでは後輩として芸人の名折れとなる。古典と言われる落語もいまなお、そしてこれから先も、誰に気兼ねすることもなく装いを変えて変貌することが可能だ。そうでなくては、落語は時代の埃《ほこり》に埋もれて消えてしまう。

だから、〝古典〟ではあっても、落語は生々流転《しょうじょうるてん》の過程にあると言うことができる。江戸の落語が明治ナイズされ、昭和ナイズされ、平成ナイズされ、Xナイズされ得る。それはおそらく、無理にデッチ上げたような新作よりも、当面、ずっとチャーミングであるにちがいない。

14──オチとサゲ

世の中にはひどくケチな人がおりまして、ある店の旦那は家の者一同にろくすっぽご飯のお惣菜《かず》というものを付けません。向かいの鰻屋が鰻《うなぎ》を焼く、その匂いがしてまいりますと、

「おいおい、いい匂いがしてきましたよ。さァさァ、早くご飯の支度をして、この匂いがしているうちに匂いを嗅ぎながらご飯をお上がり。あァ、いい匂い……、きょうは少し鰻が小さいな」

匂いで鰻の大きさがわかるぐらいに毎日毎日、鰻の匂い定食。月末に鰻屋から勘定を取りに来た。

「ウチは鰻をとった覚えはないが」

「ええ、毎度みなさんで鰻の匂いをお嗅ぎになります。香りをとられまして、どうしてもタレを余分に使います。鰻の嗅ぎ代としてお払いいただきとうございます」

「鰻の嗅ぎ代？　匂いだけ嗅いでいるのにお銭《あし》を取られる。ふうん……ま、仕方がありません、お払いしましょう。おい（と奥へ向かって）、代金を細かくしてね、がま口に入れて持っておいで。はい鰻屋さん、お払いしますよ。あ、手を出しちゃいけない。耳をお出し」

小銭のいっぱい入ったがま口を相手の耳元でチャラチャラッと振って、

「はい、鰻の嗅ぎ代。勘定の音だけ聴いてお帰り」（小咄）

「落語」という熟語は江戸時代の末期に生まれたらしい。それまではただ「はなし」と言われていた。はなしは「話」のはなしだが、「咄」、「噺」などの字が当てられてきた。演者は「はなし家」といわれていた。「咄家」と書くか「噺家」と書くか、いまだに決まっていない。「はなしか」と全部仮名書きにした例もある。だんだんカモシカに近づいてくる。

漢字、漢語を尊重した明治時代に「落語」は次第に「はなし」を圧倒し、「はなし家」は「落語家」になっていく。戦後はほとんど落語・落語家に定着したが、「はなし家」も、とくに話し言葉としてなかなかしぶとく残っている。

「落語」に傾いていったのは、漢字漢語体のほうが権威あるものというセンスによるのだろう。落語に権威なんて、とシラけたり粋がったりしても仕方がない。明治はそういう時代でもあったのだ。三遊亭圓朝とその一派には権威を求める側面があったように思う。それが落語の社会的地位を高め、今日の存在感へとつながったこともまた否めない。

「落語」のほうが高尚に見える。有難味がある。落語家も客もそう思ったのだろう。

「落語」が強くなりすぎると「はなし」へのノスタルジイが頭をもたげてくる。落語に限らず、それが世の中だ。

「落語」は、古くからある「落《おと》しばなし」を熟語化したものだろう。「落しばなし語り」を約《つづ》めたというところか。

「落しばなし」は、「落ちるはなし」、「落ちのあるはなし」ということだ。結末が「落ち」である。落ちを言って高座を下がるから「サゲ」ともいう。一般的には「落ち」が主流だが、業界専門用語としては「サゲ」が最近は優勢で、次第に一般にも浸透している。

落ち＝サゲは落語にしかない大きな特質であり落語の生命線である。講談は演者が断り文句のスタイルで結末を宣告するが、落語は原則として演者が登場人物のせりふのかたちで落ち＝サゲを言い、それ以上の一切の断り文句も挨拶もなしに知らん顔して高座を下りてしまう。ときには噺そのものが提起した問題を未解決に残したまま、言葉遊びのかたちで結末をつけてしまうこともある。

この、しばしば聴き手の意表をつく断章スタイルの打ち切りと、虚構の世界を高座に置き去りにしかねない演者の無責任？な退場は、他には類を見ない落語の魅力なのだ。

落ち＝サゲで結末をつけるのは、落語が洒落や冗談から成長したことの証《あかし》だ。洒落、冗談は、言われたその場ですでに落ち、サゲている。それが集積し、ストーリーをふくらませてどんなに長大な噺になろうとも、落語は最後に自分のルーツに立ち帰って身の証を立てるということだろう。

これが落語の賢いところだ。どんなに複雑なストーリーの尾ひれが付こうとも、洒落冗談の一族という素姓を捨てない。芝居のように幕を引くことも、映画のようにエンドマークを出すことも、「……でしたとさ」と語り納めの弁を述べる必要もない。

そのサゲが、その噺全体の落ちをつけるほどの内容を持ち、しかも意表をついていて笑いの要素たっぷりであれば、見事で憎い効果をあげる。客席の意識をひっくり返したまま、何事もなかったかのように退場する落語家は、さぞ気持ちがいいことだろう。聴き手にとってもそれは至福の時となる。

ナマクラな落ち方のサゲも、不出来なサゲも、また全篇とは有機的関連の薄いギャグ型のサゲでも、それなりの効果はある。落語は推理小説とはちがうから、結末での全面解決は不可欠ではない。

タネも仕掛けもなしにいいタイミングで身を引く。これは落語だけの持つ特権だ。それをうまく使わずに噺を追いかけすぎる演者は、気がつけば一人の聴き手もついてこない結果を招く。引き際《ぎわ》がいいとその高座全体が光るだろう。

落語のあとにもさまざまな笑話芸は誕生した。漫才、漫談、コント、そして現代ではメディアでのトークまでもが無意識でバリアフリーの笑話芸として楽しまれるようになった。しかも、聴き手の笑腺への刺激性は、とくにその鮮度において落語よりはるかに上、というケースが少なくない。落語もうかうかしてはいられない。

それでも、ストーリー性の高さと結末をつけるサゲの力は、落語にしかない財産である。ここが落語の生命線だ。ストーリーをさばくために、また、ときには時代遅れのサゲでも聴き手を納得させるために、落語家は他の笑芸人が取り組まない描写力、表現技巧の錬磨に明け暮れているはずである、と思いたい。

独演会の最終演目のあと、つまりサゲのあとにカーテンコールよろしく演者が〝あとがき〟を述べる流行は立川流から出たものだろうが、サゲとその演技がよければよいほど、もったいないという思いがする。サゲのあとは真空であるべし。それが「落しばなし」の美学ではないのか。

落語家は〝落語ならでは〟を大切にしてほしい。漫然と定番をしゃべる落語家ばかりになったら、おそらく現代の笑話芸にエキスを吸収されて落語「芸」は骨抜きになるが、「落しばなしイコール落語」は、つまり「作品」としての「落語」が消えることはないだろう。

15——落語と漫談、講談

こんなばかばかしいことをしゃべって商売にしているのは世界中で日本の落語家だけ——。昭和落語界の巨星、三代目三遊亭金馬はよくそんなことを高座で言っていた。その金馬の実演を聴けなかった世代で平成落語の人気者、春風亭昇太《しゅんぷうていしょうた》もたまに同じ趣旨を言うことがある。

ばかばかしいことをしゃべって、なりわいとする。というだけであるなら、「落語・世界唯一論」は成り立たない。

古今東西、語り部の類《たぐい》はさまざまあるし、漫談のようなもの、ボードビリアンのトークなどに枠をひろげれば、〝笑話芸〟はそんなに珍しいものではないからだ。

おそらく落語が世界唯一だと思われる点は、つまり、一般的な笑話芸とへだたっているところは、その「作品」と「演技」の半演劇性にある。

落語とちがって漫談の基本は世間話にある。個人的あるいは半個人的な独白形式の冗談話だ。落語は、演者自身とは無関係のフィクションを演者一人で、しかし登場人物の会話によって構成していく。一人芝居にかなり近いが、演者の位置と動きが極端に制約されているから、半演劇と言うにとどめる。

そして落語は、三百年の長きにわたってその演技——芸の精度を高め、おびただしい数の作品——噺を生み出し、磨いてきた。その時その場で題材が使い捨てになる傾向の強い漫談とは、育ちも暮らしもちがうと言うわけである。

ついでに言えば、落語は漫才とも、もちろんちがう。一人と二人というちがいだけではない。漫才は、かなりストーリー性の高い台本もあるが、基本は演者二人の個人的、または擬個人的な笑対話である。漫才を対話漫談、二人漫談と呼ぶことはできても、二人落語とは言えないのである。

もうひとつ、講談も落語とは当然別物だ。同じ一人話芸なのに、どこがどうちがうのか。

講談にも笑わせどころは結構あるのだが、講談は本来、笑話ではない。落語がフィクションを表看板とするのに対して、講談はあくまでもノンフィクション、実録談を標榜する。登場人物は実在もしくは半実在。一人時代劇だとでも言おうか。講談は釈台と張り扇《せん》を使う、などは見れば誰にでもわかることだ。

講談話芸の基本は演者自身の語り——というより「読み」にある。修羅場《しゅらば》読みの芸が重んじられるように、登場人物の会話よりも演者自身の雄弁によってストーリーを語り進める。登場人物のせりふ、会話もあるが、落語のように〝らしく〟——、つまり、女は女らしく、職人は職人らしく、大名は大名らしく演じることが基本ではない。演者自身の講談口調のままで聴き手に登場人物の聴き分けがつけばよしとされる。

落語は人物を「らしく」演じてフィクションを語り、講談は「史実」をフィクションのようにおもしろく聴かせる。古くから「講釈師、見てきたような嘘を言い」とも言う。ノンフィクションもフィクションの一種、史実のまんまでは話にならない。

16――落語と人情噺

落語にも、講談に劣らぬシリアスな「人情噺」という種目がある。人情噺はいまもなお絶えることがない。が、「落語家」はいても、「人情噺家」はいない。人情噺は、東京の落語家が挑む、もうひとつ上のカリキュラム——、そんな通念が江戸のむかしからあった。だから

「落語家」とは言わず、江戸時代のように「はなし家」がいいんだよ、という議論にもなる。

近頃、人情というと古めかしく、そして妙に小さく美しく、お涙ホロリ型のイメージを持たれがちだ。もともと人情は思いやりや慈悲だけの代名詞ではない。情愛、恩義も人情ならば恋も人情、欲も人情、ひいては嫉妬も憎悪も人情、怒りや恨みも人情。傷つけ殺すのも人情のひとつの極限ではあろう。だからなのか、「不人情」とは言っても、「非人情」とは誰も言わない。

世態人情を写し、描くのが人情噺だ。それは人間を、世の中を描き出す落語の基本と一致していることになる。

ふつうの落語——滑稽噺とも落し噺とも言う——も、世態人情を描くことに変わりはないが、笑いを軸とする都合上、多分に架空性を帯びてくる。その逆で、人情噺はとくに題材において講談に接近する。実際に講談との演目の交流もある。笑いが主眼でない点も両者に共通だ。

だが表現演技の上では、人情噺は落語の基本を守って講談に近づくことはない。

人情噺にはいわゆる一席物、——小《こ》一時間ですむ『文七元結《ぶんしちもっとい》』のような噺もあれば、『緑林門松竹《みどりのはやしかどのまつたけ》』、『塩原多助一代記』、『名人長二』のような、幕末明治の寄席の十五日興行に合わせた続き噺もある。また「芝居噺」や『真景累ケ淵《しんけいかさねがふち》』、『牡丹灯籠《ぼたんどうろう》』のような「怪談噺」もある。

一席物には『鰍沢《かじかざわ》』、『淀五郎』、『芝浜』のように、サゲ（落ち）がついているために落し噺のように見えて、内容的には人情噺というものも数多くある。講談と共通の人情噺には『柳田格之進』、『浜野矩随《はまののりゆき》』などがある。

明治あたりまで、東京では人情噺、とくに続き物人情噺で毎晩客を呼べなければ、トリをとれない――、真打の資格がないかのように言われたそうだ。滑稽噺の王者というだけでは大看板、名人の座を得られなかった――、かのように伝わっている。

放送もレコードもなかった時代は寄席が庶民のメディア場だったから、はなし家は笑話以外の、さまざまな噺をした。奇談珍談怪異談。漂流奇談の類はスペクタクルとして喜ばれたらしい。このあたりは講談が求められたのと根が共通なのだろう。ひと口に「おもしろい」と言っても、むかしのほうが幅が広かったようである。

滑稽噺以外のさまざまな噺の中で人情噺が今日に残った。笑いはなくても、広い意味でおもしろいと言うことなのだろう。その程度の歴史認識もなしに「落語はおもしろくなければだめ」と決めつける人は多い。

おまいさん、箸が転がっただけでもまだ笑えるのかい？

17―落語とお笑い

「おい、おれン家《ち》に棚を吊ってくれたろ」

「ああ」

「あれ、落っこっちゃったぜ」

「そんなはずはないんだが……。おめえ、何か載せやァしねえか?」


器用な人とはいっても素人は当てになりませんという、ごくおなじみの小咄だ。

これぐらい会話の折り返しがあると、さすがに小咄らしくなる。「囲いで塀」だの、「ドイツの帽子」だのでは、単純にすぎて小咄というより、まだ駄洒落に毛が生えたようなものだ。「その帽子、オランダけんど、もうイラン」などと屋上屋を重ねたところで同じこと。

棚の小咄はこれで完結である。もっともっと長い落語であっても、こうした精神構造に変わりはない。物を載せるために棚を吊る。その常識がずっこけるおもしろさ、なかんずく、それを平然と、まともに言ってのける男のトンチキぶり。それだけでもう、立派に小咄＝小落語の空間が成立する。

が、その完結感を味わえない人がいる。この程度ではものたりないという人もある。

となれば、尾ひれをつけ、説明をかねて、

「何だよ、それ。何てこと言うんだよ。載せない棚なんてあるのかよ。そんなもの作って大きな顔すんじゃねえよ」

と怒らせてみたり、さらにその反論として、

「よっぽど重いもの載せたんだろ」

「重かァねェや。ごく軽いもんだい」

「何を載っけたんだい」

「週刊誌一冊！」

と蛇足を付け加えるのならまだしも、

「急に客が来たんで、抱いてた赤ん坊、ひょいと載せたんだ」

「赤ん坊棚に上げるやつがあるか。棚に載せるんなら猫ぐらいにしとけ」

……とかなんとか、無理をして続けると、笑話としてのテンションは地に落ちてしまう。それでも笑ってくれる客はある。その笑いの反応とそのまた連鎖反応に乗り続けて手早い完結を怠ると、それは「落語」ではなく、むしろ「お笑い」の――ただしレベルの低い「お笑い」の世界に入っていく。

　これは「落語」と「お笑い」の優劣の話ではない。落語は正座と言葉と表情と最小限の動きと、扇子と手拭いに手段を絞った、簡潔と省略と自己規制が身上の芸である。言葉も少な

きをもってよしとし、筋書きも短きをもって尊しとする。そして、当面の、目先の時代にヒットを狙うよりむしろ、時空を超えて永続する笑いを目指してきた。

「落語」は「お笑い」とはちがうものだ。ただいま現在を笑わすパワーにおいて「落語」はもはや「お笑い」の敵ではなくなった。その点で両者がイコールでなければならないと言うのなら、そこで落語三百年の歴史に幕が引かれる。

もちろん、落語は笑いを見失ってはならない。桂文珍《ぶんちん》のように大阪NGK（なんばグランド花月）のステージで「お笑い」の海の中を泳ぎ切る落語の強者《つわもの》もいるのだから。

しかし、笑いは落語にとってすべてではないのだ。

18—笑わせるか、笑われるか

「はなし家を　ふと困らせるばか笑い」

六代目三遊亭圓生《えんしょう》（一九〇〇〜一九七九）は好んで色紙にこう書いた。江戸落語の正統な継承者を自任し、生前すでに名人の呼び声もあった人の、これは理想を反語的に表現した川柳だった。

わんわんウケる爆笑ワールドよりは、声にならない笑いを含め、なごやかで朗らかな満足感が客席を満たすこと。そういう環境でなければ、緻密な至芸は味わってもらえない。その圓生がある若手に向かって、「おまえさんは笑わせるはなし家じゃァありやせんな。笑われるはなし家でげす」と皮肉に言い放ったというエピソードがある。

「ありそうもない話を、さもあるかのようにお聴かせする。それが落語というものでございます」

と圓生は常々言っていた。「あるかのようにお聴かせする」に「おもしろく」がつくことは言うまでもない。

それはむかしの、幅の広い「おもしろさ」である。自分の死骸を引き取りに出向いて、「抱かれているのはたしかにおれだが、抱いているおれはいったいどこの誰だろう」と口走る『粗忽長屋』は、〝ありそうもない話〟にはちがいないが、これは落語屈指の名作と言われ、五代目柳家小さんの至芸を聴けば、〝さもあるかのような〟フシギ・ワールドが生まれて、毎度笑わせられたものだ。

「落語ってものは」と十代目柳家小三治《こさんじ》は言う。「どこにでもある、誰もがやっている、ありふれた日常的な営みの一部を切り取って、それをおもしろく聴かせるものですよ」。

圓生と小三治はおもしろく聴かせるという点では一致しているが、題材とおぼしきところを、圓生は〝ありそうもない〟こととし、小三治は〝ありふれた〟という。これは全く正反対な考え方ではないだろうか。

『粗忽長屋』を小三治流に見れば、誰にでもありそうな誤解を、フィクションとして滅法おもしろく誇張した噺だということになるだろう。

多くの演者は粗忽噺のまくらに「かけている眼鏡を探したり、マスクをしたまま唾を吐いたり」と人間のそそっかしさを笑う冗談を言う。それに付け加えて三遊亭小遊三《こゆうざ》は「眼鏡をかけたまま唾を吐いた、とやったはなし家がいました。そいつのほうがよっぽどそそっかしい」と笑わせる。

粗忽者でなくても、あわてればとんでもないことをする。粗忽はありふれた現象。自分の死骸を引き取りに行くほど我を忘れはしないだろうが――、というあたりから落語と現実が分離していくということだろう。

さて、圓生と小三治は全く反対の落語観を持っていたわけではない。「落語というものは」の枕詞《まくらことば》は一緒だが、両者はアングルのちがう地点から論じているのだ。ありふれたことをありそうもないほどおもしろくしたのが噺という名の「作品」であり、その、ありそうもない話をあるかのように聴かせるのが「芸」ということである。笑いはやはり、虚と実の間に発生している。

19―舌と扇とふだん着と

むかし、はなし家は扇一本・舌三寸の稼業とよく言われたようだ。舌でしゃべるだけの商売、持ち物は扇子一本でいい、という意味である。何と手軽な、ということでもあり、たったそれだけで多彩な表現をするという誇りもこめられていた。

舌三寸と扇一本のほかに、実際には手拭いという小道具がある。扇子に劣らない役目をするのだが、派手な扇子に負けてものの数に入っていない。

おそらく、手拭いは現代のハンカチ同様に誰もがふだん身につけているものだから、あえて採り上げられなかったのだろう。扇子は芸人でない限り夏場しか持たないから、ずっと特筆に値するということだろうか。舌は誰にでもあるし、手拭い以上につきまとって取り外しがきかないけど……、などと言っては話がおしまい。舌の実寸が何寸かは知らないけれど、「胸三寸」という言葉もあるから、三寸とは意志が宿ることの形容だろう。「口先」との混用で生まれた言葉「舌先三寸」はペテン師の手腕のこと。

つまり、はなし家というものは、ごくふつうの、ふだんの生活スタイルのままで成り立つ芸人稼業ということなのだ。芝居のように衣裳はいらない。鬘《かつら》もつけない。浄瑠璃や音曲の師匠のように礼装もしない。素顔のままだ。扇子と手拭いは身だしなみ品の域を出ないものである。

聴き手も演者も、さりげない日常生活の佇まいのままで噺を聴き、聴かせる。まるでふだんの個人的な付き合いのままのスタイル。だから落語の舞台――高座は、日常的で簡素であることが第一とされる。

従来、寄席の高座の背景は、たいてい板戸だった。杉戸が上等とされる。板戸では道場みたいだが、これは声を反響させるためである。マイクを使うようになれば襖《ふすま》でもいい。東京の国立演芸場は障子にすることもある。

戦後次第に増えたホール落語会、あるいは市民ホール、劇場での独演会などは、たいていうしろに屏風《びょうぶ》を立て回している。ちょっと仰々しいが、施設の構造にマッチさせるためには無難な装置だ。ただし、屏風は「鳥の子」に限る。「金」や「銀」の前で長屋の噺をやるのは、野暮で滑稽。

昭和の末あたりから若手の落語家に若い女性ファンがついて〝追っかけ〟の現象まで生じるようになった。かつてない事態で、落語のファン層がいつのまにか拡大しているのはうれしいことだが、若い女性には、男の着物姿への憧れめいたものがあるらしい。着物が巷《ちまた》の日常から消え失せた昨今、落語家は案外カッコよく見えるのかもしれない。

そうなると、落語がふだん着の芸能であるとは言いにくくなる。昔はふだん着でも、いまはおしゃれなファッション。女性ファンたちにはその着物が、紋付《もんつき》だろうと結城紬《ゆうきつむぎ》だろうと、何でもいいのだ。

しかし、コスチュームがどうであれ、落語の本質は日常とふだん着にある。ありそうもない、あり得ない虚に遊びながら、ありそうな、ありふれた実をベースにしている。

20——扇子の変身

落語家がうっかり扇子と手拭いを忘れて高座へ出たら、立ち往生ならぬ坐り往生になりかねない。いっさいなくてもやれる噺がないわけではないが、どちらか一方でも持たずに高座をつとめるのは不安なものだろう。

扇子一本でいろいろなものが表現できる。いちばんのおなじみは煙管《きせる》だ。そして箸。物を食べる場面は落語に数多くあるが、とくに『時そば（時うどん）』、『うどんや』などで麺を手繰るしぐさは客席に喜ばれる。五代目柳家小さんのしぐさを見た帰りに蕎麦屋に入った客は少なくない。

持ち方と角度を変えれば筆になる。水平にして肩に担げば天秤棒。担ぐ右の手を素手の半開きにして太い棒をつかむ態にし、扇子を垂直にして左手に構えれば、威勢のいい駕籠《かご》かきが息杖《いきづえ》を握った姿になる。年寄りや按摩の突く杖も扇子でことたりる。

落語の国には座頭市はいないから仕込み杖はあまり出てこないが、刀も槍も扇子で表す。刀ならば竹刀《しない》も木刀も扇子である。『道具屋』で与太郎と客の男が、ありもしない木刀の鞘《さや》を抜こうと引っ張り合う滑稽も扇子なしには表せない。少し開いて逆手に持てば喧嘩の際の出刃包丁。金槌《かなづち》にも錐《きり》にもなる。拳《こぶし》で戸を叩く際、もう一方の手の扇で床を打って擬音を出す役目もする。その他、釣竿《つりざお》、箒《ほうき》。

船頭が扇子を縦にぐっと突けば棹《さお》を張ったかたち。扇の骨を二本ばかり開いて横に構えれば櫓《ろ》に持ち替えたことになる。これで体を前後に揺らせば舟を漕ぐしぐさというわけだ。漕ぐときに扇の要《かなめ》をギイギイと鳴らして効果音にするやり方が、とくにラジオ落語全盛時代にはあったが、あまり品はよくない。

扇子を少し開いて水平にすれば算盤《そろばん》になる。縦にして斜め下に見れば手紙。読み進みながら少しずつ開くという手法がとれる。扇子を大きく開けば盃《さかずき》、それも大盃になる。五杯もの一升酒を飲み干すたびに扇の盃をあおり、最後の一杯では演者の顔が隠れるほど扇面が正面を切った五代目柳家小さんと三代目古今亭志ん朝の『試し酒』、そして全開の扇を肩に担いで韋駄天《いだてん》のかたちが決まった六代目三遊亭圓生の『盃の殿様』。いずれも戦後落語の瞼《まぶた》に残る扇風景だった。

楽屋の符牒で扇子のことを「かぜ」と言う。あおいで風を起こす用具にはちがいないから、当たり前にすぎて符牒らしくない。

近頃はごくふつうの色の竹で作った扇子ばかりだが、以前は燻《いぶ》したような褐色の煤竹《すすだけ》製が高座扇の高級品とされた。茅葺《かやぶ》き屋根を葺き替える際にしか素材が手に入らないのだそうだ。このほうが白光りしなくて高座に風格が出る。稀少品になった煤竹は尺八にも絶好の素材だという。

高座扇はふつうの扇子より骨が厚くて粗く、本数も半分以下の十三本ほどしかない。その分しなやかさに欠けるから、あおいでも柔らかい風は起きない。それでも夏の噺の場合には、演者は登場人物にことよせて自分も涼をとる。暖房がきき過ぎて冬場にあおいだらぶちこわしになるが。

21——化けた扇子の名演技

扇子でいちばんの役割は煙管の表現である。喫煙行為の演技は、たんなる擬態にとどまるものではない。語りの間合いと、人物の心理描写をそこに託せるからだ。

煙管は雁首《がんくび》、羅宇《らお》、吸口《すいくち》の三つを接続した煙草を吸うための用具だ。雁首の先が直角に曲がって火皿になっている。そこに刻み煙草《たばこ》を指で詰めて火をつけ、吸口から吸う。あいだをつなぐ長い羅宇は真っ直ぐで細身の羅宇竹製。語源はその竹の原産地ラオスにあるという。火皿と雁首、吸口は金属製で、庶民用は真鍮《しんちゅう》製がふつうだが、高級品は銀製だった。

閉じた扇子の要あたりを口にくわえて煙管に見せる。煙管のどのあたりをどう持つかで、喫煙者が大名か武士か町人か、または職人か百姓か、さらには男か女か、それとも女郎なのかが表現できるはずである。はず、と言ったのは、それもこれも、また演者にとっても、そして聴き手にとっても、もはや現世に実在の人物像ではないからだ。煙管そのものも骨董の世界なので、演技の判定がむずかしくなったという思いがあるためだ。

六代目三遊亭圓生は若いころ、煙管の演技がまずいと義父・五代目圓生（一八八四〜一九四〇）に小言を言われたそうだ。煙草をたしなまないからいけないのだと指摘され、煙管を用いて煙草を吸うように努めて体得したという。いまは演者も聴き手も煙管体験がないから、こんな苦心談は生まれないし、まずいと小言を言われることもないだろう。

圓生によると、煙管をポンとはたいて吸殻を落としたあと、吸口を軽くフッと吹くと、〝らしく〟見えるという。羅宇に残る煙を排除してから次の煙草を詰めるというわけだ。そんな生活習慣が消滅したいま、そうした芸の口伝《くでん》は宙に迷う。明治大正の名人たちがいまの落語家の煙管演技を見たら、ショックで二度死にをするかもしれないが、それも仕方のないことだ。

演技の巧拙はともかく、煙草が人間描写を助ける効用は、いまもむかしもあまり変わらない。禁煙、嫌煙が幅をきかす以前、喫煙者はヒューマン・コミュニケーションには煙草が欠かせないと礼讃していたものだ。人と人との微妙な駆け引き、むずかしい交渉、商談。そんなときに話の間合いをとり、局面打開のリズムをつかむには、煙草が有用だと言われた。

実際、映画や芝居でも、核心に触れるやりとりの場面では、酒以上に煙草が重用されたものだ。落語の人物表現、劇的演出にも煙草は重宝されている。八代目桂文楽が十八番の『寝床』でみせた煙管の心理劇は、その中でも至宝の傑作、いや傑演だった。煙草と言葉の細やかな間合いが、喜怒の間を往復する主人公の心の動きをまざまざと映し出したのだった。

平成のきらめく若手落語家たちで煙管の演技に心理描写を託せる演者は一人もいない。芸が至らないというよりも、生活の中で煙草の価値が低下したし、落語家の演技目標そのものも変わってきたためだ。新作落語では煙草はもはや邪魔物である。しかも、紙巻き煙草では扇子の使いようがないし、落語演技に適さない。

22—手拭いの変身

手拭いは、扇子以上に一般人の実生活から遠くなっているが、代替品のタオルやハンカチは誰もが使うから、手拭いって何？　と聞かれるほどのことはなさそうだ。布一枚のごく単純な製品だし、いまでも芸能や祭礼の場ではふつうの品物である。

むかしの人は手拭いを日用品として携えていた。これで汗を拭き、洗った手を拭き、風呂で体も洗った。これで頭に鉢巻きもしたし、姉さん被りも頬被りもした。庶民は古手拭いを布巾にしたり、さらには縫い合わせて雑巾や御襁褓《おむつ》にもした。扇子よりはるかに日常的、万人用で万能型の品物だった。

人前に出られるほどのふだん着で高座に上がり、つまり日常生活の姿と佇まいで日常的にしゃべり始め、いつしか非日常の世界へ引き込むのが落語のありよう、極意なのだから、はなし家はほとんど当然のように高座に手拭いを携行し、芸の表現のために、あるいは自分自身の必要のために、しばしば手拭いを使った、ということだ。初めから落語の小道具に手拭いを使おうと意図していたわけではないだろう。

ただし、手拭いは扇子ほど芸の上での応用範囲は広くない。いちばん目立つのは煙草入れだ。扇子の煙管を構えて手拭いの煙草入れを膝の上に置けば、格別のしぐさや表情をしなくても落語のポーズになる。むろん演技以前に「芸人の顔」ができているほどの演者ならではの話だけれど。

手拭いは紙入れにもなる。現代人に紙入れはなじまないが、懐紙《かいし》や薬、楊枝などの小物を入れて外出の際に携帯する、主に男性用のグッズ。『紙入れ』という噺では、不倫の証拠になる手紙を入れている。明治になって紙幣が多くなると財布の代用にもなったし、名刺入れのようにも使われたらしい。

江戸時代は貨幣がほとんどだから、財布といえば現代の「札入れ」型ではなく、袋状の「巾着《きんちゃく》」である。高座の手拭いは紙入れにも、巾着の財布にも使われる。札入れや財布も手拭いで容易に表現はできるが、あまり噺には出てこない。

本や帳面も手拭いで表現されている。手紙に使う場合もあるが、むかしの巻紙の手紙は扇子で表すのが定石である。

手拭いそのものとして演技に使うことも多い。これは落語と手拭い双方の日常性ゆえである。ひと仕事、ひと苦労のあとに人物が手拭いで顔や首の汗を拭うしぐさをすれば、いかにもそう見える。ついでに演者自身の汗を拭いても黙認される。たたんだ手拭いを右手に握りしめると、啖呵を切ったり、自分の気持ちを訴える一本気な職人の表現にはぴったりだ。人情噺では凶器にもなる。六代目三遊亭圓生が『双蝶々《ふたつちょうちょう》』の小僧殺しの場で、細く絞った手拭いの上方、七三あたりを口にくわえ、両の手で一文字に引いて絞殺するしぐさは、イキといい、体の線の美しさといい、凄絶をきわめていた。首吊りも手拭いの輪を首に当てることで見せるが、これはどうも名場面にはならない。。

23——手拭いの近未来

浴室で手拭いを使う人は、まずいなくなった。みんなタオルだから、たたんだ濡れ手拭いを頭に載せ、湯舟へ浸っていい気持ちで鼻唄をうたう、そんな風情は絵で見るだけになった。濡れタオルは手拭いほど堅く絞り切れないし、頭に載せれば重くてうっとうしい。

落語の高座では、手拭いを使って、むかしの男の湯舟でのくつろぎを再現することができる。『あくび指南』の「湯のあくび」の項が典型的な例。十一代目金原亭馬生《きんげんていばしょう》も恩師ゆずりで呑気そうにやっている。

十代目桂文治《ぶんじ》（一九二四〜二〇〇四）は『御血脈《おけちみゃく》』の釜茹で五右衛門で頭に手拭いを載せてみせた。巨盗・

石川五右衛門の釜茹での刑は湯ではなく油でされたそうだから、ふつうであれば、とても呑気に手拭いどころの話ではない。

落語家が唯一無二、ではない唯二無三の扇子と手拭いをどう携えて高座に出るかには、べつに決まりはないようだ。扇子を手に持ち、手拭いを懐に入れて出てくる演者もあれば、両方を片手に持つ演者も、両方懐に入れている演者もある。左右の手にそれぞれを持って出てくる演者はいないだろう。サマがよくない。

高座で使う手拭いはとくに高級品の必要はなく、演者おたがいの配り物を使うことが多いと聞く。扇子のように自前の誂《あつら》えを使うというのではないようだ。

ただし、手拭いは新品に限るという。一度しか使えないという意味ではない。洗った手拭い、つまり水を通し、糊が落ちた手拭いはシャッキリせず、かたちがつけにくいからだ。

仲間の配り物の手拭いを使うといっても、もちろん演者の好みで選択はする。むかしのはなし家の手拭いはおしなべて無地の面積が広く、文字や柄の色も地味なものが多かった。これは、たたんで高座で使うとき、柄が目立つのを避けたからである。

最近の落語家は、だいぶ派手で色彩的な手拭いをこしらえるようになった。いまでも落語家は一人一人が自前のデザインの手拭いを持っていて、何かの折りの配り物にするが、近頃は演者個人の「グッズ」という側面が強くなってきた。そのほうがファンには喜ばれるというわけだ。

どう見ても高座で使えそうもない、極端にグッズ指向の極彩色手拭いもある。やがて高座にスカーフのような手拭いがはためくようになったとしても、客席は違和感を覚えないかもしれない。

名人といわれた八代目桂文楽はその晩年、高座で手拭いを用いず、ハンカチを使った。あれほどの人がなぜ、と訝《いぶか》られたし、実際、煙草入れなどの表現には適切ではなかったのだが、あれは明治の東京・横浜で青春を過ごした人のハイカラ趣味がなせる業だったのではないか。ただし、そのハンカチは純白の絹製だったとも聞く。

楽屋の符牒で手拭いを「まんだら」という。極彩色の手拭いのほうが「曼荼羅《まんだら》」には似合っている。

24――現実にまさる〝らしさ〟

ハンカチーフ。明治生まれの黒門町《くろもんちょう》の師匠・桂文楽はきっと「ハンケチ」と言ったのだろうが、それで見せる煙草入れや紙入れのかたちがどんなに〝らしく〟なくても、客席から苦情は出なかった。しゃべる人が折り紙つきの名人であれば、、それは立派に煙草入れ、紙入れでまかり通ったのだ。

拙劣きわまりない演者が最上等の手拭いで見せるよりも、黒門町のハンケチのほうがよほどそれらしかった、ということなのである。

いや、黒門町だろうが紋白蝶だろうが、手拭いは手拭い、ハンケチはハンカチだ。もともと紙入れや煙草入れに見えっこないし、扇子を口にくわえて煙管でございだなんて、まるでおとなのままごとさ、と一笑に付す輩が現れても、告訴も処罰もできはしない。

ここに落語という芸能の、他とは全く異なる特質がある。そして、ここにこそ落語の、いわば本質も宿っている、ということができる。

扇子と手拭いをどう使ったところで、落語家は、シルクハットの中から鳩を飛ばすマジシャンではない。限られた二種類の日用道具を〝唯二〟の補助手段として〝らしく〟見せるしかない。それが精一杯だ。「扇一本」と胸を張っても気休めにしかすぎまいが、それなのに落語はなお、人間ドラマの空間を創り出そうとするのである。

芝居の役者が原則、一人一役で人物を演じるのに対して、落語は一人で何役もこなす。名前を持った具体的な人物ばかりではない。群衆や、ときには〝世間〟という名の擬人格にさえ口をきかせ、ところどころで〝演者〟という名のコメンテイター役にもなり、また素《す》の自分自身に立ち帰ることさえある。

逆に言えば、それほどの「役」をこなすのに、あえてなのかどうか、かたくなに一人芸に徹し、扇子と手拭い以外は拒絶する道をとった。この抑制、禁欲と「笑い」との均衡がなんとも不思議ではないか。

極端なほどの、こうした省力、省略、そしてシンプリゼーションこそが落語を進化させ、というよりも深化・純化させ、確立させたと言えないだろうか。扇子と手拭いが象徴するように、落語話芸は〝らしく〟、〝らしさ〟に生きる道を見出したのである。

素顔の一人芸だから、しょせん〝らしく〟、〝らしさ〟の域を出ることはできない。ならば、本物にまさる「らしさ」に到達しよう。それが聴き手の脳裏に、無限の実体を生み出す。現実にまさる真実が生まれる。その作用を司《つかさど》るパワーが「芸」と呼ばれる現象ではないのか。「扇一本・舌三寸」の誇り、ここにあり、ではないか。

「私たちはみなさん（聴き手）の頭の中に想像を生む仕事です」と立川志《し》の輔《すけ》はよく高座で言っていた。「落語はバーチャル・リアリティ」と桂文珍も言う。演者と聴き手は「らしさ」を絆に結ばれているのだ。

25――らしい・らしさ

歌舞伎では、男性の女形《おんながた》が女性を演じる。これも〝らしさ〟の一種だろうが、〝らしい〟ではすまされないほどに〝なりきって〟演じられる。もちろん鬘も衣裳も、化粧も発声もすべて徹底的に装っている。完成された女形の演技には、本物の女性以上の色香が感じられると言われるが、これもまた現実――事実にまさる想像の真実だろう。

素顔の芸、落語では、もともと装うことを目指さない。はきちがえて目指してしまったなら、その落語家の演じる女性は正視に耐えないものになる。落語家は歌舞伎を勉強すべしという常識論がむかしからあるが、こういう根本のちがいをわきまえずに観劇していても得るところはまるでなかろう。

落語の場合は、聴き手がその人物を女性であると感知し、納得すればまずは可だ。素顔の男がしゃべっている人物が、当面のフィクションの中の女性であると知れれば、第一次的にはそれでいい。その方式で大名らしく、職人らしく、商人らしく、幇間《ほうかん》らしく、ということでいい。

女性なのだと感じられれば、声は男性のままでかまわない。多少高めに、細めに、柔らかく発声する程度で充分だ。素顔の芸は〝素声〟であるべし。そうでなければ聴き手にとって気色が悪い。声を極端に変えないと女性〝らしく〟ならないのは芸がまずいのである。そうなると、落語家のほうが女形よりむずかしい仕事かもしれない。

役どころによって声をいろいろに変えるのは、落語では禁物である。「八人芸」と言ってひじょうに軽蔑される。七色の声を出す派手な八人芸が大いにウケるジャンルもあるのだろうが、困難を回避して安易な道に走る八人芸で大成した落語家はいないと言われている。

五代目柳家小さんは男も女もほとんど地声のままにやっていた。「小さん」は、どうやら代代がそういう渋い芸風であるらしい。反面、女性表現者としての評価は高いものではなかったが、描く女たちは立派に高座の女になっていた。『猫久』の長屋のカミさんなどは、渋いがゆえにとてもおかしく、天下一品だった。

彦六で生涯を閉じた八代目林家正蔵《はやしやしょうぞう》（一八九五〜一九八二）は、芝居噺の中の女形の芝居ぜりふもほとんど地声で演じていた。それが泥絵具で描かれる古風な書き割りにとてもマッチしていた。歌舞伎のミニチュアよろしく、声色《こわいろ》芝居噺のように小綺麗《こぎれい》に演じるのでは、ますます本物の芝居にかなわない。

昭和落語のカリスマ、五代目古今亭志ん生は、〝らしく〟演じることにさえ頓着していなかったように見えた。志ん生なりの演技と演出はあったのだろうが、それをほとんど感じさせなかったのは、まさしく達人の境地と思われた。一切の作為を放棄して志ん生自身の、本名美濃部孝蔵のままにしゃべっているようだった。なあに、それで噺になってりゃいいじゃねえか、そう度胸を定めていたように見えた。

だからこそ、古風な語り口でありながら後世の聴き手にも想像の世界を、バーチャル・リアリティをもたらしたのではないか、と仮説すれば、衰えを知らない志ん生人気の説明にはなるだろう。

だが、志ん生では「そうするってえと」などと、職人みたいな口をきく殿様が平気で高座を跋扈《ばっこ》することもあった。「らしい」も「らしくない」もあったものではない。

26―カミとシモ

よく、落語の世界で「上下《かみしも》をつける」と言う。

裃《かみしも》を着けて突っ張らかるのは千両富《せんりょうどみ》に当たった『富八《とみはち》』＝『御慶《ぎょけい》』の八五郎だが、上下をつけるのは落語家の演技の基本である。

正面を向いて正座した落語家が噺の中の人物によって、斜め右を向いたり斜め左を見たりするしぐさ、というよりは動作のことだ。はっきり首の向きを変える演者と、目配りプラスアルファ程度にしかしない演者と、そこはいろいろだ。

なぜ、そうするのか。一人で語っているから、聴き手に人物の区別がつきやすいように左右に首を振り、なおかつトークのリズムと間合いをとるのだろう――、では回答として三十点どまり。もっと大きな、深い意味がある。実際、その程度の便宜のためなら、上下をつけるまでもない。むしろ目障りなくらいだ。演者が見えないCDやラジオの落語を聴いていて人物が混乱してしまうことなんか、まずないのだから。

「隠居さん、こんちは」と八っつぁんが入ってくる。言いながら演者は客席から見れば向かって右のほうを向いている。「八っつぁんかい、お入りよ」と言う隠居は客席から見て左のほうを向く。

客席の右手、演者にとっては左手が上手《かみて》、その反対が下手《しもて》。ウエとシタの、垂直の関係ではなく水平の関係なのに上手、下手という。

「こんちは」と八っつァんは上手に言い、「お入り」と隠居は下手に言う。これが上下をつけるということなのだ。そして、この隠居と八っつァんの上下を逆にすることはルール違反になる。

ルールとは落語の、というより日本の舞台芸能、とくに演劇でのルールである。

芝居では、花道を含む下手側が街路、つまり道や外の世界に設定されている。これは約束事だ。上手寄りには家屋があって、さらに見えない上手奥には奥座敷や勝手口があるであろうと思わせる。人の出入りする玄関は家屋の大道具《おおどうぐ》――装置のいちばん下手寄りに設けられる。まず例外はない。

そこで、外からやって来た八っつァんは、つまり下手からやって来て玄関の戸をあけ、上手、つまり家の奥に向かって「こんちは」と声をかけ、隠居は上手の家屋の中から下手に向かって「お入り」と呼びかける。芝居のような具体的な舞台装置がない落語は、このささやかな動作で演劇的空間を表現するのである。

上下は家の内と外、奥と入り口などの平面的な構図を表現するだけではない。身分、立場の上下も表す。よくも悪しくも「身分」というものが存在した時代に、能狂言も歌舞伎も落語も成立した。これもまた、いまさら揺るがすことのできない約束事だ。

隠居と八っつァんとは、おそらく心は水平の関係にある。どちらがよりえらいとも思えない。粗茶をすすめられた八っつァんは、平気で粗座布団だの粗火鉢だの粗禿頭《はげあたま》だのと言いたい放題を言っている。とはいえ年齢や社会的地位、たぶん資産も上であろう隠居は、八っつァんに対して上座《かみざ》の位置を譲ることはない。

亭主と女房とのやりとりでも亭主が上座を占める。挨拶の言い方から何から女房に教わる『鮑熨斗《あわびのし》』や『錦《にしき》の袈裟《けさ》』や『熊の皮』のボンクラ亭主でも亭主は亭主、上座から下手に向かって女房にものを言う。『鮑熨斗』、『熊の皮』の亭主甚兵衛が、腹をすかせて外から帰ったときには下手から上手を向いて室内の女房に「ただいま」と言うが、室内に納まり、対話になってからは下手を向いて亭主としての口をきくという段取りになる。

親は上手、子は下手、旦那は上手、番頭は下手。一方で番頭は上手、手代《てだい》や小僧、丁稚は下手。客は上手、幇間は下手、武士は上手、町人は下手、ふつうの関係なら男が上手、女が下手、ただし姐御《あねご》なら上手から若い衆にものを言う。『二人旅』、『三人旅』のような、どう考えても上下のない仲間同士ならば、どちらが会話の主導権をとるかで位置が決まる。

27―歌舞伎でカミ・シモを見る

芝居を見れば上下《かみしも》が表す人間関係は具体的に一目瞭然となる。能『安宅《あたか》』の様式を借りた歌舞伎十八番『勧進帳』では、安宅の関守・富樫左衛門《とがしさえもん》が常に上座にいる。演じる役者が弁慶や義経の役者より格下であっても、それは関係ない。富樫は鎌倉の天下人・源頼朝に任命された役人であり、関所の通行許可を乞う六人は義経主従であることを隠した山伏の一行にすぎないからだ。

義経ではないか——の疑いが晴れて、富樫以下の関所の面々はいったん上手へ引っ込む。関所自体が移動したわけではない。それまでは富樫と部下が関所の外で尋問をしていて——この時点で関所の内部へ戻った、というわけでもない。演出上、山伏一行をクローズアップするために、富樫たちをいったん消したということになるのだ。

舞台は山伏一行すなわち義経主従だけになる。そこで初めて強力《ごうりき》に身をやつした義経が舞台中央ながら上手寄りに座を移し、下手寄りにとどまる部下の弁慶に感謝の手を差し延べ「判官御手《ほうがんおんて》を」の感動的な場面に至り、「つひに泣かぬ弁慶」も涙する。

やがて進物《しんもつ》と酒を携えた富樫たちが上手から再登場し、全登場人物はもとの位置に戻って上と下に分かれる。つまり、カメラが再び富樫たちにも振られたというかたちである。関所の番卒が山伏六人のリーダー・弁慶に酒を振舞う。ここで初めて弁慶は舞台中央で正面を切り、かたちの上でも主役であることを示す。正面を切る人物は、登場の際の富樫以来である。そして、しばらく正面で演技した弁慶は酔って「延年の舞」を舞い、一気に芝居を終局へもっていくが、その間も富樫の上座は変わらない。

世話物《せわもの》の芝居でも『世話情浮名横櫛《よわなさけうきなのよこぐし》』のお富は、女ながらご新造《しんぞ》として上手にいる。訪れた切られ与三郎と蝙蝠安《こうもりやす》は下手に居続ける。「しがねえ恋の情けが仇」の名せりふも下手のままで言う。それはそうだろう。三年前の情夫とはいえ、銭をせびりに来た男どもが上座に回っては天も世間も許さない。

この家の主人・多左衛門が帰って来てお富より上手に坐る。与三郎と蝙蝠安の位置は変わらない。与三郎はヒーローでありながら、鉄則に従って上手へ回ることがない。ただし、安と別れた与三郎が裏手へ忍び、多左衛門が再び外出したあとの座敷に入ってお富との焼棒杭《ぼっくい》に火がつくところまでやれば、与三郎は晴れてお富の上手に寄り添う。

日常生活の場では、上下《かみしも》はだいぶあやしくなってきた。日本間が少なくなっているし、和風レストランの小部屋なども床の間がないから上下がはっきりしない。そんなご時世ゆえか、落語の演技でも、お酌《しゃく》の構図、つまり酒を差し、盃で受ける双方の位置関係が上下不明になってきたようだ。

扇子をちょっと開いて銚子（徳利）に見せる。それを持つ手は右手に限るとしても、それをどちらに向けるのかは相手によってちがうはずだ。

「あたし半玉《はんぎょく》の時分にね、うっかりお客の上手からお酌をして、いきなり張り倒されたことがあるのよ」

半玉とは、まだ一本立ちしていない、玉代《ぎょくだい》半額の芸者のこと。これは戦前に会津で芸者をした人から聞いた話。戦後、梅若という名で民謡をうたい、「白虎隊《びゃっこたい》」を持ち唄にしていたからご存知の方もあるだろう。戊辰《ぼしん》戦争からまだ数十年あまりの頃の会津でなら、そんな話もうなずける。

上下をまちがえたからといって噺が致命的にこわれてしまうわけではない。「ときどき、上下まちがえちゃうン」、「あたしゃ上下メチャクチャ」と高座で笑いとばした大看板もいるくらいである。それでもお客を楽しませればいいという考え方は可能である。ＣＤやラジオで聴けば上下デタラメでも「名演」が生まれかねない。

が、おそらく登場人物の境遇や心理の表現に集中し、そこに聴き手の共感を生んで笑いを醸《かも》そうとする落語家なら、自ずとしっかりした上下をつけていることだろう。

なお、歌舞伎などの旧劇を上演する劇場では、上手・下手と呼ぶのは舞台上だけのことで、客席は上手側を東、下手側を西と呼ぶのがならわしである。

28——演者はどっちから出る

芝居では原則として、身分の高位な人物の登退場は花道か上手か正面奥で行われる。花道を通らずに下手から出たり入ったりするのは身分が低い役か端役《はやく》が多い。ただし、事件がらみになってその動きが錯綜するなど、演出上の合理性が生じれば、その限りではない。

落語はすべての役を一人で演じるのだから、場面ごとに上下《かみしも》をつけるだけで済む。むろん演者の登退場に身分差別は一切ない。前座、二ツ目は下手で登退場、真打は上手で登退場、トリをとる演者は、あれば花道から出て花道を入り、あるいは正面の襖《ふすま》が左右に開いてヌッと現れスッと消える――、なんてことをしたらお笑い草もいいとこだが、花道を欲しがりそうな落語家はいつも何人かいるものだ。

それでも舞台――高座という演芸空間には自ずと、そして厳然と上下がある。客前で技芸を披露する者の本来あるべき登退場のしきたりはある。演者はつつましく下手から出て上手方向へと歩み、中央の座布団に坐って客席に頭を下げるのである。

客に対してへり下る必要はないが、敬意を表すことは大切だ。そして、舞台のいずこかにおわすであろう「芸の神様」に対しても畏敬の念を抱くべきである。これは大切な、基本的な心構えだろう。そうであれば、まずは下手から出るということになろう。

これは日本の舞台芸能に共通の精神だ。歌舞伎や文楽はもとより、能狂言も下手側からの登退場を原則としている。『勧進帳』の一方の主役、富樫左衛門の登場は原曲の能と同様に下手からだが、あとはその身分に従って下手へ退がることはない。ただし、花道を踏むことはせず、幕外の弁慶に六方《ろっぽう》を踏ませて、いわば花を持たせている。

芝居でも寄席でも、お囃子《はやし》方を下座《げざ》と言う。歌舞伎の黒御簾《くろみす》、すなわち下座方はその名のとおり下手で演奏し、御簾内《みすうち》なので顔が見えない。寄席のお囃子も同様である。一方、芝居で「チョボ」と言われる義太夫《ぎだゆう》方は上手の客前に出て演奏し、また語る。舞踊劇では長唄、常磐津《ときわづ》、清元《きよもと》などの「連中」が正面奥いっぱいに展開する。だが、寄席のミュージシャンたちは下座に位置し、御簾内に徹している。

ただし、以上はあくまでも原則である。建物の構造上、それが不可能なことがある。寄席は歴史的に〝土一升金一升〟といわれる都心で精一杯のスペースを有効活用する稼業だから、原理主義に殉じてはいられない。

さすがに東京の国立演芸場では下座は下手、落語家の出入りも下手になっている。色物が仕掛けや舞台進行の都合上、上手を出入りすることはある。上野の鈴本演芸場は出入りが上手、下座は下手、新宿末広亭はともに上手だ。楽屋と舞台との位置関係などから、そうせざるを得ないのだろう。

定席《じょうせき》――つまり原則として年中無休で演芸を公演する寄席でもそうなのだから、一般劇場や市民ホールなどの落語会となれば下座《げざ》に下座《しもざ》も上座《かみざ》もない。東京・国立小劇場での「落語研究会」(TBS主催)は舞台の造りにゆとりがあるから国立演芸場同様に原則を貫くことができる。三越劇場の「三越落語会」、かっての東横劇場での「東横落語会」でもそうだった。新宿・紀伊國屋ホールの「紀伊國屋寄席」は下座も出入りも上手、有楽町朝日ホールの「朝日名人会」は下座が上手、出入りは下手。

むかし、東京本駒込の三百人劇場で六年間にわたって「志ん朝の会」があった。「志ん朝七夜」を含めて回数は三十回近くに及んだが、発足から三回目ぐらいまでは下座も出入りも下手にこだわった。だが、劇場の構造上、演者やお囃子方が下手へ行きにくいので、下座も演者の出入りも上手に切り換えた。公演の成果が第一で、形式は二の次でいい。

なお、歌舞伎の黒御簾、つまり下座演奏のスペースが文字通り下手に移ったのは天保期（一八三〇〜一八四四）以降で、それまでは上手にあったというから、「下座」と言い始めたのは、さらにあとのことかもしれない。

29—寄席の音楽集団

寄席の下座はいろいろな曲を演奏する。歌舞伎の黒御簾・下座方同様に姿を見せないシャドウ・ミュージシャンに徹している。

三味線をひくのはその道なりの専門家で、まずほとんどが女性だ。戦後しばらくは女性といっても元女性クラスのベテランばかりだったが、国立演芸場などによる着実な後継者養成が実って近頃はかなり若返ってきた。

大太鼓、締め太鼓、当たり鉦《がね》、笛などで合奏するのは前座や二ツ目の落語家だ。

こちらは三味線にくらべて血気盛んな若者中心だが、戦後まだ十年のころまでは万年前座、万年二ツ目、あるいは真打脱落組のような、しかし寄席の楽屋のことは何でも心得ている古老がいて、太鼓を叩いていたという。

開場を知らせる一番太鼓、開演間近を知らせる二番太鼓、中入りの砂切《しゃぎ》り、終演の追い出しの太鼓などを打つのもこのスタッフである。

落語家はしゃべる稽古だけをしていればいいのではない。太鼓や鉦も叩かなければならない。これは必須課目だから、楽器にひどく不器用であれば、口は達者でも前座仕事がうまくつとまらない。太鼓のリズムが悪い前座は噺もセコという通説もある。

太鼓で話芸の素質のすべてを占えるわけではなかろうが、落語家志望の若者は名人のコピートークに現《うつつ》を抜かすばかりでなく、オチケン時代にドラマーとしての才を自己診断したほうがいい。

整理すれば、寄席囃子とは、三味線は曲がりなりにも専門家、太鼓や鉦は落語家の卵の余技というアンサンブルだ。

三味線は専門家だといっても、その技倆は失礼ながら演奏家として舞台に立てる、あるいは弟子をとって生活をするというランクの専門家ではない。だが、寄席で使われる曲については相当の数を即座に演奏し、どんなところでも停めたり切り替えたりする対応力を持っているから、名跡や権威ばかりで実体の怪しい邦楽の家元族などより、よほど百戦錬磨の人たちだ。

寄席囃子の太鼓はかなり適当な〝あしらい〟で打たれている。その〝手〟、つまり伴奏パターンはごく平凡なものだから、余技でもなんとかつとまる。とはいえ曲芸の場合に地囃子のリズムが整わないと、傘の上の毬《まり》が落ちかねないから、いい加減にはやれない。

歌舞伎役者も相撲力士も太鼓はすっかり専門家にまかせているのに、落語家だけが江戸時代のまま兼業を続けている。意図があってのことではなく、寄席業界に専門ミュージシャンを雇う経済力がなかったからだろうし、そうする必要もなかったのだろう。

上方落語では、「はめもの」と言って噺の進行に囃子がからむことが多い。それでも歌舞伎の下座音楽のように頻繁には使われないし、絶対不可欠のものでもない。東京では演者の出囃子と色物の地囃子が下座方の主な仕事だ。近年は、色物も録音で洋楽曲や現代曲を使うことが多くなった。

それくらいの用途であれば、三味線さえ専門家であれば、太鼓や鉦は余技でいいということだろう。その余技も落語家の修業であり、素養のうちである。

歌舞伎役者も三味線や太鼓、鼓《つづみ》などの基本は、いまでもひと通り稽古してはいるが、実際に演奏することはない。

笛に関しては余技と言っては失礼なほどの落語家がいる。すでにベテラン真打の春風亭一朝は、歌舞伎の下座にもしばしば招かれる名手だ。

30──出囃子に乗るかそるか

落語家が登場するときにお囃子方が曲を奏《かな》でる。落語家はそれに乗るように──、と言っても曲に合わせて身をこなすわけではないが、姿を現す。中央で向きを変え、座布団に坐り、客席に向かって深くお辞儀をする。頭がもっとも深く下がったところでお囃子は打ち上げ、次の瞬間に演者は正面を切って「えー」と話し始める。

曲によっては、うまい切り上げどころを見つけにくい場合がある。そうでない場合でも、無造作な落語家が、タイミングもへチマもなく、全くのマイペースでズカズカ高座へ出て行って客との対面に及ぶことは多い。お囃子方がエンディングに苦労する場合がしばしばあるようだ。

ひどいときには音楽的に全くのぶった切りになって感興をそぐが、こういう演者は前座時代にあまりいいお囃子方ではなかったろうと思う。太鼓のまずいやつは芸も……と言うが、乱暴者でも人気だけは出ることがあるらしい。

落語の公演スポットが増えてくると、お囃子をCDやテープで代用することが多くなる。やりようによってはこのほうがピタッといきそうだが、それも曲により演者によりである。しかも、人間とちがって出来合いの録音では手加減をしにくいから、切り上げがむずかしい。

無難な線をねらってフェードアウト、つまり少しずつ音を遠ざけるケースがあるのには興醒めさせられる。人間業《わざ》にないことをすれば、人間不在の空気がひろがる。これから生身の話芸が始まろうという矢先に、盛り上げる役目のお囃子の音が霞んでいく現象は不吉の前兆めいている。

落語家登場のお囃子が「出囃子」である。二ツ目、真打の出囃子は個々の演者に固有の曲がある。固有でなければならないという決まりがあるわけではないが、寄席の一芝居、つまり新宿末広亭の夜の部なら夜の部の出演者の出囃子に同じ曲が二度も三度も演奏されるのは好ましくないから、演者ごとに個別の出囃子を採用しているわけだ。

間に挟まる色物に使われる地囃子もそうで、同一曲は極力避けるのが興行上当然のセンスである。もちろん、地囃子系の曲が出囃子になることも、まずないと言っていい。

出囃子の歴史は、東京ではそう古くないようだ。明治のころは、講談のように太鼓の砂切りで落語家が登場したという。出囃子の使用は上方からの移入らしい。このごろは、落語定席に色物として出演する講談師が砂切りでなく出囃子を使うようになってきた。

柳家小三治いわく、出囃子は演者のテーマミュージックである。スポーツ選手も個々のテーマミュージックで登場する時代だから、それは少しも不思議な考えではない。

むかしも、八代目桂文楽の出囃子は「野崎」と決まっていて、三味線がシャンと鳴る前に大太鼓の打つ、舟出を表す「ドドン・ドーン」の水音《みずおと》が鳴れば、お客は「黒門町」の出を察知したものだった。

テーマミュージックだから、小三治独演会では噺を三席演じれば、出囃子は三席とも同じ「二上りかっこ」である。

独演会でオーソドックスとされていたやり方は、中入り前の演目に〝テーマミュージック〟を奏で、トリネタ、つまり最終演目には特別の出囃子「三下り中《ちゅう》の舞」を使うことだ。この曲は歌舞伎の下座音楽としては、たとえば『先代萩《せんだいはぎ》』御殿の場の栄御前《さかえごぜん》の出、『鏡山旧錦絵《かがみやまこきょうのにしきえ》』の剣澤弾正《つるぎざわだんじょう》の出などに使われる。御殿の場での、いわば大物登場に奏でられる曲である。

三代目古今亭志ん朝の独演会は一貫してこのスタイルだった。いまや遠い遠い語り草となった三百人劇場での独演会シリーズ第一回の楽屋で、三味線の古老・平川てるさんが、二席目には「のっと（一丁入り）」をひきましょうかと提案した。それは亡父・五代目古今亭志ん生の出囃子である。

兄の十代目金原亭馬生（一九二七〜一九八二）は父の出囃子も使って独演会をやっていたし、志ん朝はその馬生が認める志ん生相続権者だったから、そんな発想をしたのだろうが、志ん朝は首を横に振り「ふつうに、『中の舞』で」とキッパリ言った。

桂歌丸《うたまる》はごく庶民的でローカル性もある「大漁節」を出囃子にしているが、ホール落語会のトリの場合、演目によっては「三下り中の舞」を使うし、人情噺口演の際には、演目の内容に適った歌舞伎の下座曲を出囃子に使っている。出囃子の第一音から噺の世界へという考え方である。大先輩の六代目三遊亭圓生は録音の場合にこの手法をとっていた。

その圓生の出囃子は「正札附《しょうふだつき》」で、文楽の「野崎」、志ん生の「のっと」、八代目林家正蔵（彦六）の「菖蒲浴衣《あやめゆかた》」ともども、聴けば落語黄金時代の回想をかきたてられる曲である。だが、一九五〇年代の前半まで圓生の出囃子は「つくま祭」だった。それは私の幼少のみぎりの記憶にすぎないから、実際のところを本人に確かめてみた。

「ええ、『つくま』でした。おやじ（五代目圓生）ゆずりの曲でしたがね……、（三代目桂）三木助《みきすけ》君（一九〇二〜一九六一）もあの曲だったんです。お互い協会がちがいますから差しさわりはなかったんですが、ホール落語会で三木助君と一緒になることが多くなったんで、それであたくしのほうが変えたんです」

と淡々と証言してくれた。

すっかり演者のテーマミュージック化したとはいえ、出囃子への対応は個々柔軟であってほしい。四代目三遊亭金馬は三代目の「かっこ」を、七代目春風亭柳橋《りゅうきょう》（一九三五〜二〇〇四）は六代目の「せり」を相続したが、九代目桂文楽は八代目の「野崎」を継承していない。

これからは名跡と出囃子が分離するケースが多くなるだろう。それでこそテーマミュージックということだ。

31——落語『寝床』と御簾

歌舞伎の下座スペース・黒御簾は黒い簾《すだれ》から生まれた言葉である。黒衣《くろご》同様に観客から見て陰の存在ということだ。本格の歌舞伎公演を見れば、舞台の下手に小窓と黒い簾に閉ざされた黒御簾スペースを客席から確認できる。

黒い簾だから観客は中の様子が全く見えない。中からは簾越しに舞台も客席もどうにか見える。役者の演技に呼吸を合わせて演奏をするためである。

黒くない御簾は御殿の場などの芝居で見ることができる。御簾の中には貴族や大臣などの高貴な人物の席があって、よろしきキッカケで御簾が巻き上がると御尊顔を拝めるという次第。

御簾は舞台上手の浄瑠璃方にも使われることがある。落語『寝床（素人浄瑠璃）』を聴けば、アマチュアの道楽にさえ、ぜいたくにも御簾が使われている。義太夫道楽の旦那が義太夫を語る際に、身につける肩衣《かたぎぬ》が間に合わなかったので、その夜は御簾内で語るという。

恐怖の奇声が簾でいくらか緩和される。聴かされる連中にとっては不幸中の幸いだったのだが、旦那の顔が見えないのでつい気が緩み、全員が眠り込んでしまう。

静かになったので感に堪えて静聴しているものと思い、ますます熱中して語っていた旦那が御簾をちょっと上げてみたら――、という運びだ。御簾内から座敷の様子はぼんやり見えるはずだが、そこが素人、夢中になっていて気がつかなかったのだ。座敷と御簾の内と外がおそらく同じ明るさだったので、見えにくかったのだと思われる。

歌舞伎で御簾というものを見ておくと『寝床』のこの場面がいっそうリアリティをもって笑えるということである。

いずれにしても、お囃子の演奏を背に受けて高座へと歩むのが落語家のいちばん自然な姿である。三味線の撥《ばち》が止まり、太鼓の撥が打ち上げた瞬間、落語家は拍手の中にお辞儀の頭を上げて噺の口火を切る。演者と下座の位置が遠く離れたままで一度も接触がないと、呼吸が合わないこともないとは言えない。

ついでに、『あくび指南』で「舟を上手にやっておくれ」はカミテではなくウワテ。川の上流の方向のこと。でも下流はシタテではなく、やはりシモテ。相撲の上手・下手は垂直の上下関係を指すからウワテ・シタテ。シモテ投げなんて言ったら気持ちが悪い。あいつは一枚上手だといえばウワテで優れていることを指すが、その反対語はなさそう。

じょうず・へたにも上手・下手の字を当てるからややこしいが、カミシモ、ウエシタの混乱を題材にした落語はないようだ。

32──高座に登場

落語家が出囃子に乗るようにして高座へと出て来る。むかしなら普段着に毛が生えた程度の着物姿、衣裳も扮装もない素顔の芸人の登場。出囃子がなかったら、何者が、何をしに現れたのかと疑うばかり。

じつは、その「無」の装いが、落語家の芸に対する意気地と誇りであろう。噺をやらせてみたらやっぱり無芸だった、と言われそうな芸人もいるのは世のならい。

舞台袖から歩み出たときに拍手にこたえて軽く会釈をする演者もある。それが愛嬌と映るか、媚びに見えるかはその人次第。昭和の前半に明るい高座で人気を博した二代目の三遊亭円歌《えんか》（一八九〇〜一九六四）ははっきりと動作でお目見得のシグナルを客席に送って、それがなんとも魅力的だった。おそらく当人が無邪気にとったポーズなのだろう。

会釈するでもなく、もちろん愛想笑いもせず、しかし目線の動きと歩くリズムの微妙な変化で客席の視線を受けとめてみせた三代目古今亭志ん朝の出は洗練されていた。そのかすかな、ポーズともしぐさともいえない「型」に客席は高座の華を見てとった。

八代目桂文楽は能の翁《おきな》のように静々《しずしず》と出た。客席への格別のシグナルはなかったように思う。品格があって、その丁重な姿勢に有難味さえ覚えたが、それは黒門町ご当人の極度の緊張が生んだ精神的な幻影だったのかもしれない。

たいがいの落語家はごく淡々と出て来る。五代目柳家小さんは、ぶっきらぼうに見えるほどだった。出は淡々としていても、演者の柄、その芸への期待と、そして出囃子の音楽的効果によって落語家それぞれのイメージはちがってくる。ちがって見えるのが第一級のプロということだろう。

概してむかしの芸人は、座布団についてからにこやかにお辞儀をした。最近の落語家はあまりにこやかではない。媚びと思われることを忌避する、あるいは無用の愛想を慎む気風が芽生えているようだ。〝芸人〟といっても、むかしにくらべると個人としての意識が高くなったのは時代と社会の反映だから、決して悪いことではない。それで、むかしの芸人に劣らない満足を客席に与えられるなら言うことはないのだ。

高座の座布団に坐った落語家は両手を前について客席に頭を下げる。このお辞儀のテンポ、タイミング、そして第一声を発する間合いは演者によってまちまちだ。トントンと運んで軽く明るく「えー」と口火を切る人もあれば、じっくりと落ち着いて噺の世界へつなぐ人もある。

柳家小三治はじっくり型だ。出の姿は師・五代目柳家小さん同様に無愛想。禁欲的に見えるほどで、愛嬌のアの字もない。頭を上げて客と対面してから発声するまでの間合いは、当代屈指の長さだ。その微妙な空白の間に、何を言い出すのか……、の、客と演者との探り合いの時空がある。〝ま・く・ら〟に独自な世界を拓《ひら》いたこの人だからこその場面だろう。自ずと大家の風格につながっていく。

かつての立川談志もおもむろなスタートだったが、こちらは客席の好奇心と若干の〝畏怖〟が加わっていた。出は小三治以上に無愛想、というより不機嫌に見える。顔を上げてから発声するまでの、嫌そうな顔といったらない。芸人の愛想笑いとは最も遠い、これもまたこの人ならではの一種異様なアトモスフェアがあった。

だが、この人のお辞儀の深さ、緩やかで丁重な姿勢は、これまた無類のものだった。敬虔と言いたいほど客への礼を尽くしていた。それは箏曲《そうきょく》が原曲の出囃子「木賊刈《とくさが》り」の曲調ともよく調和していた。芝居なら高貴な場に使われるこの曲は、清らかで音の数もひじょうに少ない。つつましやかで気品が高い音楽だ。

出囃子とお辞儀が一体になって深遠な境地をたなびかせるが、それは演者の表現姿勢とは水と油だ。愛想は売らず、尽くすだけ礼は尽くし、ただし言いたい放題を言い、やりたい放題にやらせてもおうじゃねえか——、ってことだったのだろう。

だとすれば、演者への礼を尽くさず、聴きたいはずの噺も聴かずに居眠る客を許さないのは、至極順当なことだったのだけれど——。

33―志ん生が聴こえない

むかしの名人はすぐに話し出さなかった、とよく言われる。お辞儀をして、頭を上げて、おもむろに右の手を伸ばす。左の手は膝の上にきちんと置かれたまま。はなし家の右側、下手《しもて》寄りに置かれた火鉢には鉄瓶《てつびん》が載っている。鉄瓶を持ち上げ、右膝前あたりに置かれた湯呑みに白湯《さゆ》を注ぐ。量はさのみに多くはない。鉄瓶を火鉢に戻し、湯呑みを口元へ運ぶ。鮨屋の客が大きな湯呑みを片手で口へ運ぶような行儀の悪いことはしない。右手で湯呑みを軽く握り、左手の掌で軽く湯呑みを受けるようにする。がぶりと飲むようなことはしない。軽くすすって口を湿すだけだ。湯気を吸って咽喉を湿すのだとも言われる。

湯呑みを戻し、軽く咳払いし、懐から懐紙を一枚取り出して口に当てる。いまの咳払いで痰が出たのか出ないのかはよくわからないが、口元を拭《ぬぐ》い、紙を小さくして懐へ戻すか袂《たもと》へ入れるかして始末をする。

このあと、一段とおもむろにもう一度白湯をすることもある。とにかく一呼吸あって、改めて客席と視線を交わし、「えェ……」と呟《つぶや》くように話し始める。呟くようにとは言っても、呟いているのかどうか判然としないほどのボソボソ調で口火を切る。かぶりつきの客にも聴こえるのかどうか。

とにかく始まったらしい、というので客席は耳をそば立てる。耳に神経が集中すると人間はあまり体を動かさなくなる。客同士の私語もやみ、咳やくしゃみも出なくなる。静聴の空間が拡大し、深まるにつれて次第に高座の名人は声量を上げ、至芸は客席の隅々にまで浸透していく。

と書くと明治以前の寄席を体験したかのようだが、むろんこれは伝聞と推測が織りなすまことしやかなセミ・ドキュメントだ。六代目三遊亭圓生が燭台照明の時代の高座を再現して見せてくれたことがあって、ご丁寧に鼻をかむ儀式までやってくれた。明治の寄席から育った圓生はそのころの実態を知っていたのだろうが、そのときのパフォーマンスにはウケるための誇張が入っていたと思う。

それにしても頭を上げるか上げないうちに威勢よくしゃべり出す平成の若手の高座とは比較にならない悠長の極みだ。もっとも、明治のむかしであれ、そんな流儀が通用したのは、よほどの大看板《おおかんばん》だけではなかろうか。それも、前の高座がいわゆるバカ受けをして「埃抑《ほこり》え」を要するようなときに、とくに間合いをとったのではないか。二流以下の者までがのんびり、ぼんやりしていたならば客が帰ってしまい、寄席へ来なくなって、今日の落語界は存在しなかったのではないか。

一九五五年、つまり昭和三十年ごろのことだったか、上野の鈴本演芸場に出演した五代目古今亭志ん生は、高座についたものの何もしゃべらない。まもなく、しゃべっていることだけはわかったのだが、後方座席にいた私にはほとんど聴こえない。客席は藁灰《わらばい》に水を打ったように、しいんとした。

これは、伝説に聞くむかしの名人の作法を示してくれるのだなと、まだ中学一年坊主の私は期待に胸をふくらませたのだが、その期待はたちまちしぼんでしまった。いつまでたっても何も聴こえない。何かボソボソ言ってはいたが、十三分ほどで志ん生は高座を下りてしまった。キーワードひとつ拾えないから演目さえわからない。前のほうの客も反応していなかったから、誰にも聴こえなかったにちがいない。

あの夜、志ん生は酔っていたのか、不機嫌だったのか。拙劣《せこ》い客なので嫌になったのか。とにかくやる気は皆無だったようだ。高座で眠りこけたのがエピソードになる志ん生だが、このときは眠っていなかったから、これはエピソードにならないエピソードだ。しかし、終始何も聴こえないことがあっても志ん生は名人の一人に扱われている。

34―高いから高座

劇場や演芸場の空間で演技が行われるスペースは、いまではまず、ステージと呼ばれる。「舞台」という言葉は少し古いもののように思われている。

寄席では「高座《こうざ》」だ。いちばん高いところから客に相対して語りかけるのだから、高座にはちがいないが、高座は元来が仏教用語だという。寺で僧侶が説法をしたり問答をしたりする位置のことだという。それが転じて話芸の場をも指すようになったのだそうだ。講談も落語もひとしく「高座」だ。そのあたりに説法と話芸との密接なかかわりがうかがえよう。説法説話にも劇的な物語や笑話めいたものがある。

寄席では板張りの舞台の真ん中の前寄りに座布団一枚を置くだけだが、多目的ホールで落語をやる場合には、畳二畳か三畳分ほどの平台《ひらだい》を組んでその上に布団を置く。ちょっぴり高い「座」ができる。だからホール関係者の中には、その部分だけが「高座」だと思う人もあるが、舞台全体を高座と思うほうが妥当だろう。

ホールで高座に台を組むのは、舞台のスペースが寄席の何倍かあるので、客席からの視覚的なポイントを作るのもひとつの理由だが、実際にそれだけの高さを必要とする場合が少なくない。

落語公演の理想的な高度は客席前部の床面から一・五メートルほどだという。それだけないと、後部の客は落語家の膝が見えなくなる。膝の上でのしぐさがあるから、それは落語を見、聴く上で不可欠の寸法なのである。

客席が後部へ行くほど高まるスロープ式であればそれほど問題は起きないが、ほぼ平面の場合には、後部の客は落語家の顔を見るのがやっとという状態になる。

一九七三（昭和四十八）年三月、六代目三遊亭圓生は落語史上初の、宮中での両陛下御前口演に臨んだが、慎重で完璧主義者の圓生は事前に会場・皇居「春秋の間」の下検分を求めた。行ってみると、少し高く高座を作ってはあるが、座して芸をする圓生と椅子にかけて聴かれる昭和天皇・皇后、皇族方とは、ほぼ目線が平らになるように図られていた。

圓生は本来のあるべき高さを主張してそれを実現した。芸をする以上、両陛下であろうと見下ろさせていただきましょう……。この話を聞いたとき、私はチャップリンの『独裁者』の一場面を思い出した。ヒトラー役とムッソリーニ役が椅子の高さを競って互いに天井にまで届くほどせり上がっていく。

圓生の言い分は当然のことだが、それをあえて主張しなければならない場所もあるようだ、というよりも、「落語の法則」はまだまだ市民権を得ていない、ということだろう。

35―高座の備品

寄席の高座の背景はふつう板戸になっている。「高座」が特別な場所ではなく、居住空間の延長であることを示している。ふだん着で素顔の芸能にふさわしい自然な構造だが、襖や障子でないのは、前にも述べたように、板戸のほうが声の反響に都合がいいからだ。

ホールや劇場では始終落語をやっているわけではないから、舞台の背面に格別の装置はない。寄席よりは規模の大きい会場がほとんどだから、声の反響は初めから電気の力に頼っている。

簡単に設置が可能で、洋風のホールをたちどころに和風に変える置き物として屛風が立て回されることが多い。庶民的な落語には少し不釣り合いな面もあるが、座芸の品格、客への礼節という点から、よしとするしかない。

ホールの舞台に平台を置いて高座を作る場合に、台の木肌を隠すために毛氈《もうせん》で囲う。布でもいいようなものだが、毛氈のほうが重いから、演者がひどく動き、力演した場合でも皺《しわ》ができにくい。暖色の緋毛氈が多いが、不幸にして背景が金屛風の場合、演者が猿の殿様めいて不粋だ。緋でも落ち着きのある色合いが望ましい。

座布団は日常生活に使うものよりかなり大判。小さいと、とくに体の大きな落語家が坐ったときに会場全体がとても安っぽく見える。着衣がツンツルテンの場合と同じだ。たっぷりしていることがなにより。しぐさの動きが大きい噺のとき、座布団が小さいと演者は窮屈でやりにくい。

寄席では毎日使う消耗品だが、座布団の布地は絹に限る。化学繊維でも一見わからないが、演者が微妙な動きをするときにスムーズにいかない。座布団が新品でふかふかしすぎては、やはり演者がやりにくいから、ある程度人体になじんだ座布団がいい。

演者の交代ごとに座布団を裏返しするのが前座の役目のひとつだ。高座に置かれた座布団を返すだけだが、これを「高座返し」と言う。布団の縫い合わせ目を客席に見せない返し方をしなければならない。縫い目は切れ目でもある。お客様とは縁を切りたくない願いが込められている。

高座返しされた座布団には前の演者の体温の名残がないから、新鮮な気持ちで新たな高座が始まる。日常でも座布団を返してから別の客にすすめるのはごく当たり前の礼儀、というより作法、いや生活習慣だが、畳の客間が少なくなった昨今では、忘れられつつある。

ふつう下手寄りに木製のメクリ台が立っている。高座返しのあと、前座はメクリをめくって次の演者の名前を客席に告知する。メクリは演者ごとの名ビラの紙で、大判の短冊型、束ねて台に懸けてある。他に何もない高座にはちょっとしたアクセサリーで、文字はふつう「寄席文字」を用いている。

高座スペースがごく狭い寄席がメクリを出さず、高座と囃子部屋の仕切り板の一角に木の名札をはめて、それを順次入れ替えるケースもあった。スコアボードに似ている。この名札も寄席文字で書かれていたと思う。メクリは座布団とちがって必須の道具ではなく、お客に演者名が告知されればいいわけだから、最近は映像で演者名を映し出す会場もある。

むかしの寄席では演者の下手寄りに火鉢が置かれ、演者は右手を差しのべて鉄瓶から湯を調達した。火鉢に手をかざすようにして登場人物の対話を表現することもあったという。

大正後期から漫才が盛んになり、曲芸も新しいスタイルを求めて立ち芸が多くなったため、火鉢は邪魔物になって姿を消した。火鉢もまた、自然な生活空間の中での芸だという証拠だったのだが、もはや復活すべくもない。

落語だけを聴かせるホール落語のしにせでは、かつて火鉢を使った。三越落語会の初期もそうだったし、東横落語会には最後まで高座火鉢があった。ともに太めで背の低い白銅か銀かの、金火鉢《かな》だった。これでないと屏風や毛氈との映りがよくない。壷型の瀬戸物製などは、たとえ高価な品であっても、大きなホールの高座には使わないほうがいい。

36——まくらの前に言う言葉

お辞儀の頭を上げて落語家は落語を話し始める。落語家が高座に坐り、何人かの客と相対して何かをしゃべれば、それはなんであれ「落語」だと決めてしまってもいいだろうが、実際はそう単純でもない。

いきなり、「隠居さん、こんちは」、「八っつァんかい、まァお上がりよ」と落語に、噺に、楽屋用語で言えばネタに入ることは、よほど切迫した時間都合でも生じない限り、まずない。たいがい、客席への挨拶のような、口上のような〝はなし〟の立ち上がりがある。

そんなスピーチはネタの内に入らないから入場料金の対象外、不要なものだと考えられなくもない。寄席だと十人前以上のスピーチを聴かされることになって時間の無駄もはなはだしい——、などと言う人はまずいないのだが、この、伝統だか慣習だかわからないお定まりに対して、一度は首を傾《かし》げてみるのも頭の体操にはなりそうだ。声と単語を聴くだけでも有難味のある演者なら結構だが、ネタのお粗末を予告するような前口上なら、電車の車内アナウンスのほうが、必要性があるだけましなのだから。

とは言うものの、箸にも棒にもかからない拙劣《セコ》な落語家がいきなり「隠居さん、こんちは」ではもっと不躾《ぶしつけ》に感じられるだろうから、これは日本的礼節の形骸として聞き流すしかないだろう。だいたい、つまらない時候の話ばかりして、なかなか本題に入らないのが日本人ってやつなんだから。

彦六になった八代目林家正蔵や立川談志ほどに芸人の面魂《つらだましい》がたくましくなると、時折り第一声ズバッと本題に入ることもあって、その身の処し方がじつにきわどくイナセに見えたのだが、これはまず例外である。

むかしの落語家の口火切りは正真正銘のご挨拶だった。むかしと言ったたって明治大正にまで遡《さかのぼ》った、速記録が残るだけの時代のことではない。録音がいまに残る、戦後十年のころまで活躍していた世代のことだ。そんな古い手本に忠実なままの弟子はまだまだ残っている。

それでも「ええ、一席お笑いを申し上げます」風の、聴きあきたパターンはだいぶ影が薄くなった。「相変わらずばかばかしいお噂を」の卑下スタイルもいまはかえってなつかしい。

「ええ、ご機嫌よろしうございます」と鷹揚に愛想を言った六代目春風亭柳橋（一八九九〜一九七九）のスタイルはさらに一段となつかしい。

古い世代でありながら、いきなり客に「よく来たな」と悪態をついた鈴々舎馬風《れいれいしゃばふう》（一九〇四〜一九六三）は異色だったが、それがこの人の偽悪芸と漫談調にぴったりだった。

独自なスタイルと言えば、拍手にこたえて「どうぞおかまいなく」と応じた十代目桂文治も、「大きなことを言うようですが、いまや春風亭柳昇《りゅうしょう》と言えば、あたし一人で」と軽く出た春風亭柳昇（一九二〇〜二〇〇三）も、「入れ替わり立ち替わりいろんな顔が出てまいりまして、さぞお力落としのことでございましょう」と淡々としていた八代目雷門助六《かみなりもんすけろく》（一九〇七〜一九九一）も高座からいなくなった。

最近の落語家は独自なパターンを作るよりも平易に客に語りかけるスタイルをとるようになってきた。これはおそらく、メディアのトークから影響を受けていると思う。私語が本質であるトークと、フィクションの語り芸である落語とは根本的に一緒にはならないはずだが、同じ言語表現として、スタイルやセンスの点で影響し合うのは自然な現象だ。テレビでトーカーにいちいち挨拶されていたらうるさくてかなわない。

「えー、あたくしはみなさまの向かって左（のメクリ）に書いてありますように」と名乗り上げる若手も多い。メクリの文字は大きいが、字体が特殊なため慣れない人には読みにくいので補いを言うのだ。

「師匠は誰々、その何番目の弟子」と素性を説明し、自己紹介を続ける若手も多い。むかしとちがって情報やデータを好む聴き手が増えたから、適切な対応だろう。

そして、さらに自分を語る。その師匠を選んだ理由、はなし家志願の動機、入門時のエピソードなどなど、しばらく個人的な話が続くことがある。

これも「落語」の内なのか？　いや、「まくら」だよ、とものわかりよく、またわけ知り顔をする人は腐るほどいるのだが、さてその「まくら」も、むかしのまくらとは大ちがいなのが昨今である。これでも「まくら」かよ、とのたまう昔気質《むかしかたぎ》な人がもう少しいてもいいくらいのものだ。

37—名人はトークをせず

昭和落語界の覇者のひとり、五代目古今亭志ん生は第一声に挨拶めいたことをまず言わなかった。

「えェ、人間というものは……」

「えェ、以前はってえと……」

「明治から大正にかけまして」

「えェ、毎度ながらよく、廓《くるわ》のことをしゃべりますけれど」

「落語というものは……」

「えェ、むかしはなんかこう、すべてがのんびりしておりまして」

「えェ、噺のほうには江戸っ子が出てまいりますが」

こんな始まり方がほとんどだったが、それこそ演目ごとに、いや口演ごとにちがっているると言ってよかった。共通しているのは、志ん生個人のスピーチ要素がほとんどなく、いわゆる「噺のまくら」そのものに、ズバリ入っている。「女郎《じょうろ》買い振られて帰る果報者……」と端的に「まくら」をスタートすることもあった。「だいぶ陽気がよくなりましたな」などと口火を切った例もあったが、たったひとくさりながら、志ん生には珍しい語りかけだ。

六代目三遊亭圓生も同じようなものだった。

「当節はこの……」

「むかしはこの……」

「ただいまとちがいましてむかしは……」

「人の気ということを申しますが」

「毎度この、陰陽ということを申しますが」

「むかしからこの、名を残すということを申しますが」

芸風からして志ん生ほどフリートーク型ではなく、口調はいくぶん口上調子だったから、パターンの変化は少ないが、やはり「噺のまくら」に徹している。言葉づかいが丁寧なのと、「この」という口癖が耳に残る。

「小児は白き糸の如し」と単刀直入な入り方もしばしばしていた。

彦六になった八代目林家正蔵はさらに素直な入り方で素っ気ないほどのこともあったが、それがいかにも潔《いさぎよ》く、江戸前に聴こえたものだ。比類のない名演だった『藁人形《わらにんぎょう》』では、いきなり「千住の小塚《こづか》っ原《ぱら》に」とまくらなしで入り、たちまちにして特異な江戸噺の世界へと聴き手を引き込んだものだ。

いずれにしても八代目桂文楽とは大ちがいだ。「いっぱいのお運びさまでありがたく御礼《おんれい》を申し上げます。間《あいだ》へ挟まりまして……」と丁重きわまる口上を述べ、またそれがことのほかまろやかな響きで場内を魅了した八代目桂文楽と志ん生とは第一声からして全く対照的だった。

志ん生、圓生、正蔵と文楽とでは「まくら」の前口上が対照的だったが、まくらの姿勢は共通していた。みんな、個人的なトークなど塵《ちり》っ葉《ぱ》ひとつもしていない。

38——私事は言わぬが花

かつて日本社会は、また日本の文化は、公衆の面前で個を、己れを、みだりに語ることを慎んだ——、と思う。階層が上流であるほど、それを恥とする気風があったのではないか。

会話の相手が親しい間柄の少数者であれば話は別である。そんな場合、口を閉ざして私事を語らないとなれば、水臭いじゃァねえか、と文句を言われかねない。だが、酒の助けでもなければ無闇矢鱈に自分をさらけ出すのははばかったようだ。

そこに「察する」、「察し合う」というコミュニケーションと文化のかたちが生まれたのだろう。落語や芝居に多用されている、言葉のやりとりが生み出す心理ドラマの手法と、その表現演技は、この国ならではのものではないかと思う。

昭和のなかばあたりまでは、そういう日本人が主流だったのではないだろうか。まして、落語が生まれ育ってきた江戸後期、明治大正期の日本は、そういう人々の国だったはずだ。

敗戦で日本古来、従来の美徳や価値観が再検証の白州《しらす》にさらされ、欧米人との接触交流が拡大するにつれて、日本人は否応《いやおう》なしに様変わりを迫られるようになった。自分の意見を言わず、主張もせず、一般論でお茶を濁すような旧型日本人は、もはや社会的にお払い箱になっている。

メディアに躍る日本人とその言葉は、むかしとはすっかり変わった。慎み深く円満な論理を気品豊かに述べる〝器の大きい〟風格など糞《くそ》くらえである。私見を闘わしてどこが卑しいというのだ。かりにそれが愚にもつかない私情の弁であったとしても、自分を偽る罪を犯してはいない。共感してくれる人もいるんだ――。

はなし家は世上の粗《あら》で飯を食い、とむかしから言うくらいである。むろん落語も人の子、世の中が変われば食べる粗も変わらざるを得ない。落語が古いからといって旧来の美徳を指針に落語を、とくに「まくら」をしゃべってはいられない。世上の風潮に遅れをとれば、はなし家ならずとも飯の食い上げになるばかり。

噺の本体＝ネタの表現において文楽、志ん生、圓生等々の築いた牙城はなかなか崩せなくても、とりあえず手っ取りばやく「まくら」で新しい方向を、世間並みの自己主張、自己紹介をやってみようと考えるぐらいは、先見の明でも何でもない。

こうして、特に誰かが強力なリーダーシップをとったわけでもないのに、演者たち相互の作用や連動現象、そして聴き手の受け入れがあって、落語のまくらは昭和の末期あたりからずいぶん様変わりしてきた。

無名の二ツ目が電車やコンビニでの体験を得々とまくらに振る。どこにでも転がっている世間話に毛が生えたような、ただし、多くはあんまり毛並みのよくない話だけれど、聴き手は、ああ、そんなこと自分にもあった、ほんとうにそうだよね、とうなずき、笑う。これは文楽、志ん生、圓生の時代までは全くなかった現象であり、現実なのである。

たしかに、まくらは変わってきた。

39——名人のまくら

落語の「まくら」という言葉は、和歌や古代中世の文章の「枕詞《まくらことば》」と同じような意味合いのものだ。枕詞が語源だと言うわけではない。ものごとの初めのほう、つまり頭にあたる部分の形容に「枕」を用いるのは、むかしからふつうのことだ。

噺の前置き、導入部、序にあたるから「まくら」と言うわけで、だとすれば本文《ほんもん》、本題などと言われるネタは寝床や夜具布団ということである。一般の人が世間話の前置きのことをやはり「まくら」と言うが、これは落語の「まくら」が普及した結果なのか、それとも日本語定番の枕使いなのかはよくわからない。

落語のまくらはもともと、歌文《かぶん》の枕詞よりもずっと独立した質量を持っていた。音楽の序奏や導入部よりもそれ自体の完結性がずっと高かった。本演目の世界を準備する小咄を二、三オムニバスにするのがオーソドックスなまくらのありようだから、まくらだけでも聴き手に一定の満足を与えることはできる。

平成の「まくら」が大幅にエリアを拡大し、自己主張を強め、果たして「まくら」と呼んでいいのかどうかと迷わさせるほどにまでなったそのDNAは、じつはオーソドックスな「まくら」にすでに含まれている。

むかしのまくらでは、ネタが廓噺ならば女郎買いの小咄を二、三やるのが定石だった。志ん生の廓噺では名物まくらがある。吉原田圃《よしわらたんぼ》の蛙《かえる》が人並みに女郎買いの素見《ひやかし》に連れ立って出かける小咄だ。

蛙たちが見世《みせ》の格子先で花魁《おいらん》の見立てをする。張り見世の花魁は七人。おまえはどれがいい？　上《かみ》から四人目か、おれは下から四人目……同じだい、真ん中だから！　八橋《やつはし》の裲襠《しかけ》を着ているから気に入ったのさ。うん、そうだなあ。若い衆に掛け合ってみる。いや、ウチの見世には八橋の裲襠はいませんよ、お向こうの花魁でしょ？

　蛙は人間並みに二本足で立っていたため、目が背後を向いていた――。

　蛙ピョコピョコ吉原を散策して若い衆と親しく口をきき合う。その発想、構図が何ともおかしい。カエルをカエロと江戸訛りで発音してもわざとらしくない志ん生だからこその小咄ワールドだった。蛙の頭がうしろを向いているため――と言うのなら、若い衆ごとまちがえそうなものだが、志ん生の小咄に理屈を挟むのは野暮と言うものだろう。

　八代目桂文楽が『締め込み』をやれば、お定まりの泥棒小咄四席がまくらに振られた。

　その一。ごく足の速い人が泥棒を追っかけた。「泥棒は、あとから来る」。その二。泥棒が一番番頭を縛って二番番頭を縛って、五番……、十番、五十番、百番番頭まで縛ったがそこで夜が明けて、「てめえが縛られた」。その三。泥棒が仁王様に腹を踏まれて一発放ち、「ニオウかァ」。その四。料理屋に入った泥棒が商売物の鯉料理で腹ごしらえをした。盗みは盗み、食事代は食事代だ。泥棒は代金を支払って外へ出た。奪った金をそっくり返す結果になった。

「首領《かしら》、首尾は？」「シーッ、声《こい》（鯉）が高い」。

　平成の落語家もやっているのは「ニオウカ」だけだ。

40——ま・く・ら

泥棒のネタには泥棒のまくら、廓噺なら廓小咄のまくらを振る。これが、落語発祥のむかしからなのかどうかは知らないが、明治に生まれて昭和戦後まで第一線にあった、言い換えれば私どもがその面影を知る「昭和の名人」一族の「まくら」の鉄則のようなものだった。

聴き手の心を冒頭から鷲《わし》づかみにしたければ、そんな窮屈なプロセスは捨てて、一聴して爆笑必至の爆弾ギャグをぶちかませばいい。ネタ本題との関連などどうでもいい。

そういう考え方もきっと遠いむかしからあるにはあったのだろうが、幕末から昭和なかばまでの「名人の世紀」は、大勢としてそうした方向性をいましめ、逸脱する者は「芸もないのにウケばかり狙って行儀が悪い」と、いわば断罪の憂き目を見た。

にもかかわらずタブーを破って短期間とはいえ一世を風靡した強者《つわもの》も何人かいたが、それについては本書では述べない。

時代が平成に入った時分から、結果としてネタ本題とは無関係のまくらをやる演者が目につくようになった。とくに寄席では、ネタを予告していないため、高座でしゃべりながらまだネタを決めかねていることがよくあって、途中で別のネタに心変わりすることもあるから、まくらが宙に浮いて漫談のような結果になることもある。

マニア筋の聴き手には、まくらの小咄で本題を察する楽しみがあるのだが、こんな場合、はぐらかされてしまう。

また、昭和の終わり近くから——、ということは明治型旧世代の落語家の大半がいなくなったあたりから、まくらで私見や私生活を述べるタブーが自然消滅のように形骸化した。聴き手も私見を聴きたがり、私生活を知りたがる時代の子ばかりになった。立川談志はそうした世の流れに乗じて自分の「我」を通し切った人だったのではないか。五代目三遊亭圓楽《えんらく》（一九三三〜二〇〇九）も高座の論客を自任していたし、〝行儀のいい〟古今亭志ん朝でさえ、独演会などで気が向けば、私生活の一端を朗らかに語っていた。

「まくら」は何のためにあるのだろうか。

泥棒ネタには泥棒小咄という往年の鉄則は、一席の口演を場当たりの漫談に終わらせたくないのだ。まくらからサゲまでを一貫性のある有機体と捉えたい。この考え方の彼方には、その有機体を生かし切る「名人」の理想像も見えてくるが、それもここでは述べない。

だが、どんなに機能優秀な有機体になったところで、それはどちらかと言えば「作品」のカテゴリーであって、簡単に言ってしまえば、それがおもしろいかどうかは別問題だ。

聴き手が楽しむ、笑うということを全面的に重視するなら、小咄と本題の関連など棚に上げて、どんな小咄でもギャグでもいいから、聴き手の笑腺を活性化させる「まくら」に徹した芸人が勝ちということだろう。

いや、そう勝手にされては他の演者の邪魔をするから考えものだ、という声が上がって「行儀が悪い」という、むかしながらの説が頭をもたげるのも、寄席型興行システムが基本のこの世界というわけだ。

ネタ——噺の本題はメインディッシュ、まくらはオードブルにたとえると一見わかりやすいが、泥棒噺に泥棒まくらという鉄則はメインディッシュもオードブルも同じ食材ということになって、話がおかしくなる。バラエティーと有機的一貫性を兼ね備えた料理のコースに落語も学ばなければならない。とりあえず、まくらは食前酒ではあるのだろうが——。

この「まくら」を極限にまで独立させたのは、ご存知柳家小三治だった。少しずつ少しずつ小三治の「まくら」は拡大し、やがてネタのない「まくら」、つまり布団のない枕へと至った。

『NY珍道中』あたりから始まって『駐車場物語』、『玉子かけ御飯』、『あの人とっても困るのよ』などは立派にプライベート・ネタの名作である。ピアノ伴奏の歌を織り込んだ『歌ま・く・ら』にまでエスカレート？　している。

柳家小三治は「ま・く・ら」と表記することで伝統的な「まくら」と一線を画した。それは伝統的な「まくら」への遠慮かもしれない。むろん「ま・く・ら」に劣らない「まくら」の妙を聴かせ得る人なのだ。

41——前座とは

はなし家と言われたむかしから、落語家には階級がある。ご存知のように前座、二ツ目、真打である。前座の前に見習いという期間があるが、これは番外と思っていい。前座だってまだ正規軍とは認められていない。具体的にいえば、落語家の団体（落語協会、落語芸術協会など）の正会員にはなっていない。その団体内で働いてはいるが、まだ卵の段階と見なされている。「見習い、前座、二ツ目、真打というカースト制度がありまして」と高座でわめく二ツ目がたまにいるが、こんなお粗末なギャグで笑う客は、客として見習い以前だ。

どんな教科書にも載っているインドのカーストは「士農工商」より厳しく、すべての人々に宿命的な階級制度で、落語家のように簡単に昇進はできない。いや、まずあり得ないことなのだから、引き合いに出す意味はない。ばかばかしくて何の反応もしない声なき多数の聴き手に照準を合わせるようにならなければ、「若手の時代」も未来はあまり明るくない。

真打になれば行き止まりである。駆け出しもボンクラも、名人上手も等しく「真打」だ。カースト論者はえてして「それから理事、副会長、会長」と全く別筋のラインを接着したりする。ものがわからない以上に芸人の性根がひどくサラリーマン化している表れのようで寒心にたえない。それでも少壮サラリーマン層の客にはわびしくウケるようである。

見習い時代はその名のとおり、師匠の家で先輩の前座の下働きをしたり、師匠のお伴でカバン持ちをしたりして、この社会に少しずつなじんでいく。師匠は師匠で弟子として育てるに値するかどうかを観察するわけだ。

晴れて前座になれば寄席の楽屋の仕事をしなければならない。師匠の家に同居の内弟子なら朝早く起きて、通い弟子なら早朝に師匠宅へ行って、掃除、洗濯、炊事などに精を出し、やがて昼席の寄席へ出勤する。夜席まで非番ならば、さらに師匠宅にいて電話番、使い走りなどの雑用をこなす。その間に師匠から噺の稽古をしてもらえればありがたい。してもらえなくても、師匠の話を聞いたり小言をくらったりするのが修業のうちだ。

寄席の楽屋で前座は大きな役割をする。出入りする各師匠たちの履き物の整理、管理、着替えの手伝い、お茶出し、電話番、未着の出演者の消息確認、楽屋帳（ネタ帳）の記載、高座進行の補助、太鼓・鳴り物の演奏、高座へ出て行って「高座返し」——演者ごとの座布団の返し、出演者の名ビラであるメクリの返し……と数えればキリがない。出演者の一人くらい欠けても驚かないのがこの世界だが、前座がいなくなったら寄席の日常は成り立たなくなる。

寄席の客が多くても少なくても、前座は薄給ながら定給《じょうきゅう》をもらえる。交通費プラスアルファ程度の金額である。そのアルファでレストランのランチを食べれば大きく足が出る。高卒や大卒の若者には酷なようだが、食事は師匠宅で食べることがかなりあるし、また楽屋の師匠たちに雑用を頼まれる際には小遣いがもらえる。正月の初席、二之席、披露興行の折りにはお年玉や祝儀がもらえる。停年のない世界だから果報は寝て待てということか。

前座は開演直後のまだ客が少ない高座でとにかく一席、落語をしゃべることができる。ひどくても、まずくても、客に冷たくあしらわれようとも、落語家は最初から一人舞台だ。役者には考えられないことである。それが、落語という極端に表現手段を抑制した特異な芸に取り組む性根を養う。同時に落語家の少々特殊で厄介な人間性をも育ててしまうようだ。

いわゆるサラ口《くち》——公演のいちばん最初、開演直後のコーナーでしゃべるから「前座」と言うのだろうが、仏教の説教、講話にも「前座」という呼称があるので、そちらが語源とも言われている。

42——二ツ目とワリ

前座の次は二ツ目。昭和後半から平成にかけて、東京での前座在籍年数は三、四年というところだ。七年ぐらいかかることもある。その年数は必ずしも才能や成績のバロメーターではない。後輩の入門が多いと前座の人口が過剰になるので、押し出されて早目に二ツ目昇進——むしろ浮上のケースがよくある。反対に入門者が少なく前座が払底していると、気のきく前座は重宝がられて長期滞留することもある。

「二ツ目」とは平凡な呼称だ。二番目のランクということだろう。仏教では――、というような因縁も見つけにくい。

二ツ目になると、前座時代の押し着せの着物を脱いで自前の紋付きの着物で高座に上がれる。何よりも羽織着用が許される。いかにもはなし家らしい身拵《みごしら》えが可能になる。出囃子も自分の曲をひいてもらえる。メクリにも名が載る。相撲なら序二段、三段目、幕下といったところだろうか。名前も前座のときとはちがって、一応はなし家らしく名付けてもらえる。

ただし当初、高座に上がるチャンスは前座より少なくなりかねない。前座とちがって寄席の必需要員ではなくなるし、平凡な二ツ目は寄席の興行にとって商品価値は低いからだ。二ツ目在留期間は短くて数年、ふつうは十三年ぐらいあるし、業界都合によっては十五年以上になることもあるから、二ツ目の人数は決して少なくはない。しかし、一公演に三人も四人も二ツ目の出番枠はとれないから、どうしても寄席出演は狭き門になる。

前座は定給だったが、二ツ目からは一人前に「ワリ」と呼ばれる報酬を受ける。常時の出番がない上に客の入りの善し悪しの影響をもろに受けるから、二ツ目昇進は荒海《あらうみ》への出帆である。

ワリとは、簡単に言えば歩合給《ぶあいきゅう》だ。入場料×観客数＝総売り上げを、出演者一同と席亭《せきてい》、すなわち寄席の経営者とが分ける。折半あるいは四分六《しぶろく》。率は時代によってもちがうし、どちら側が多く取るかは、言わぬが花か。

さらに、出演者側の分をみんなに割り振る。だから「ワリ」。出演者所属協会の事務手数料、事務員給料、協会員積立金などが控除されるのは言うまでもない。

ワリの割り方は単純ではない。トリをとる演者にはそれなりの高い基準が設けられるが、あとは個々の序列や人気によって配分率が細分化されている。同一演者でもトリの出番であるかないかでレートは変動する。

いずれにしても、二〇一〇年代の寄席入場料は三千円ほど。大入りで三百人、出演者は十数人(組)として、どんなワリになるかは、全員がレート平等と仮定すれば容易に知れる。まして二ツ目のレートは当然ひどく低い。しかも、前座時代とちがって自立自活の日々なのだ。

その苦難に耐えながら芸の修業に励み、噺を稽古し、高座にかけて自分を鍛えるのが二ツ目時代である。この時期にどれほど伸びるか、どんな方向性をつかむかで真打以降の芸人人生は大きく変わるのである。

43―真打とは

二ツ目は約十年強で真打に昇進する。戦後での二ツ目在籍最短記録は三代目古今亭志ん朝の五年だ。ふつうは入門から十五年近い道のりとなる。大学卒業後の入門というケースが多くなったから、四十歳がらみの新真打も珍しくはない。

真打になって初めて「師匠」と呼ばれるようになる。定席の寄席のトリをとる資格と弟子をとる資格が得られる。相撲ならば十両昇進だ。関取《せきとり》と呼ばれる身分になる。関取とちがうのは、十両のドン尻も東の正横綱もひとしく「真打」だということ。落語界には前頭だ小結だという地位の細分はない。

芸の世界には、八勝七敗と七勝八敗とで天国と地獄だというような明快かつ客観的な基準が設けられないから、むしろ大雑把などんぶり勘定方式のほうが合理的なのだ。だが、同じ芸の世界でも弟子たちからの月謝や資格料が師匠の生活を支えている邦楽や邦舞などでは、名取りだ準師範だ師範だと地位の細分がある。これは修業の励みや目標を名目にした家元制度の資金調達法だろう。落語にも家元制を施行した一派があったことはご承知のとおり。

名人・最長老であっても平凡な駆け出しであっても真打は真打だ。ただし、これは平等を意味しない。二ツ目時代からそうなのだが、落語家の派・組織には「香盤《こうばん》」と呼ばれる席次・序列の帳面が厳然とあって、各演者の上下関係と、そこから生まれる落語家相互の意識、心理は依然として封建的の一語に尽きる。これは師弟間の封建秩序とはまた別種のものである。

だから真打に昇進したら、まずは名実ともに一人前の落語家だと言ってあげたいけれど、じつは「師匠」としてまだやっと産声を上げたばかりなのである。そこからは肩書きがちっとも変わらない、つまり道標なき無限の出世街道ということになる。真打昇進の時点で安心、または慢心してしまうらしく、その後は鳴かず飛ばずとなる真打が、残念ながら過半数を占めるのが今もむかしも変わらない状況だ。

それにしても真打からの降格や真打返上の話はまず聞いたことがない。死亡と、希な廃業以外に、一度ともった真打の灯が消えることはない。相撲だったら全員が引退なき横綱ということである。それじゃ、ぬるま湯だよと、競争社会に生きる一般の方々は思うだろう。

なるほど、ぬるま湯だが、そこに浸りっ放しの大多数を尻目に、一般の人々が及びもつかない競争と克己に生きているひと握りの落語家はいるのであって、やがて彼らが栄光を手にするであろう――そんな構図は、いまもむかしも変わりがない。

真打とは、電灯照明のなかったむかしに、演者の上《かみ》と下《しも》に置かれた一対の燭台の蝋燭《ろうそく》の芯《しん》を打つことからきた呼称だ――など、いろいろ説はあるが、よくわからない。トリの演者だけが芯を打って高座の光度を上げ、また終演で消す資格があったというのだが、灯芯は打つのではなく、剪《き》るのが本来だし、頻繁に剪らないと炎が揺らめいて客にも失礼だから、トリまで剪らずにおくとは考えにくい。消灯はむしろ前座の仕事だ。

六代目三遊亭圓生が日比谷の日生劇場での独演会で『真景累ヶ淵――深見新五郎』を演じたとき、蝋燭の芯を剪ってみせたが、五十分近い口演の間、少なくとも十回以上、長い柄の鋏を操って芯を剪っていた。

蝋燭の芯打ち説にこだわる人は、芯を剪る――切るでは縁起に障るので打つに言い換えたのだ、とまで武装を崩さないが、敗戦直後の毎夜の停電で蝋燭のご厄介になった世代からすれば、実態感が乏しい話に思えてならない。蝋燭の芯切りなんて面倒なだけで取るに足らない仕事なのだ。。

夜もふけて、いよいよ真打が——、これぞホンモノが、高座に打って出る。それくらいに思うほうが夢もロマンもあって、いい説明になるかと思うのですが……ね。

44—師弟

落語家の入門は、むかしながらの「門を叩く」だ。入門志望者個人がいずれかの師匠に個人次元で申し込む。落語家の協会組織が入門の試験や斡旋をすることはない。

志望を受け入れるかどうかも、師匠の個人的な判断だ。師匠のおかみさんなるものの意向も多分にものをいう。弟子を採りたがらない師匠もあれば、かまわずどんどん受け入れる師匠もあるから、門を叩く段階での運不運は大きい。

入門可否の判断をする際に、しゃべらせてみて素質を判定する師匠もないわけではないだろうが、たいていムシが好くか好かないか程度の次元で決まる。下積み芸人期間を辛抱できるかどうかが大事な鍵だから、まずは入門を拒否し、それでも食い下がって入門を望むほどの根性があるかないかを観察するというのがふつうのプロセスである。

オチケンのメンバーには、師匠なんかいなくたって達者にしゃべれると自負する天狗連夕イプがいるだろうが、この世界ばかりは、プロの師匠に入門することがプロになる必須条件である。スポーツ選手のようにプロ組織や専門家が人材をスカウトすることなんか全くない。家元制度をとれば話は少し別だが、弟子の養成は師匠にとって家族が増えるほどの個人負担になるのだから、弟子の募集なんて誰も考えはしない。

こうした前近代的な入門システムが、あるいは逸材の獲得を妨げているかもしれない。だが、落語は特異な芸能であるとはいえ、基本的な技術は〝話す〟というごく一般的な行為だから、選抜試験はかえってしにくいだろう。情熱や粘りで入門を果たす現行のやり方が不合理だとも言い切れない。

さて、一度入門したならば、弟子のほうから師匠を変えることはできない。門を叩いた師匠に殉ずるのだ。人間同士のことだから抜き差しならない性格の不一致にあとで気づくこともあろうが、夫婦とちがって協議離婚ならぬ協議破門はできないのが常識だ。いやなら出て行け。破門である。それでおしまい。全く別の師匠に救われない限り、破門は業界からの永久追放、廃業を意味する。

師匠の考えで別の師匠に移籍させられることは希にある。明治大正のころは、それが希ではなかった。協会などの組織が未熟だったからだという説明もあるが、近年の落語界が、とくにその組織が硬化症状を来《きた》しているのだと思う。とかく組織とは、公務員試験を通れもしない官僚を生む。

師匠が亡くなれば、弟子の前座や二ツ目はいやでも他の師匠の門下へ移籍しなければならない。真打であれば一人前だからどこかの門に属す必要もないが、立ち寄らば大樹の下《もと》とやらで、有力な師匠の身内になる例は少なくない。

移籍したら芸名を変えなければならないという法はないが、前座、二ツ目ならば変えるのがふつうである。林家木久扇《きくおう》（前・木久蔵）は最初の師匠・三代目桂三木助の死で八代目林家正蔵（彦六）門下に移り、桂木久男改メ林家木久蔵。その前座名のまま真打になった。三木助のくれた「木久」の二字を残したのは彦六正蔵の恩情だろう。木久蔵は自分の初名をひらがなに変えて息子（現・木久蔵）の初名にした。

45――噺の稽古

師弟の第一義は、師匠から弟子への技芸の伝授にある。それは落語家にとっても原則だが、実態は必ずしもそのとおりではない。月謝で結ばれた師弟関係なら、その金額分を教えない師匠は弟子に愛想をつかされても仕方がないが、落語家の場合は、噺を教えない師匠も珍しくはない。

五代目柳家小さんは、おそらく史上最大人数の一門を築いた人だが、およそ教えることをしなかったという。おれの高座を聴いて覚えろ、芸は盗め、という主義だったらしい。高弟柳家小三治も片手の指で足りるほどしか直《じか》に教わった噺はないという。

　これはべつに師匠の怠慢ではない。小さん一門の人たちは、師匠から芸人の生き方、ありよう、心がまえなどを無言のうちに教えられたという。噺の直伝の少なさを補って余りあるものを伝授されたというわけだ。

　だが桂小金治《こきんじ》（一九二六〜二〇一四）は、「小さん師匠にはずいぶん噺を稽古してもらいました」と言っていた。前座のころ小金治は、当時まだ小三治だった小さんの家に日参したそうだ。

　小金治の師匠で大立物だった初代桂小文治《こぶんじ》（一八九三〜一九六七）が直接電話して頼んでくれたといういきさつもあってのことだろうが、小三治時代の若い小さんは、だいぶ気分がちがっていたのかもしれない。まだ戦争直後で、小さんにとって最初の正規の弟子だった四代目柳家小せん（一九二三〜二〇〇六）が入門したかどうか、という時分のことである。

　教えるのが好きな師匠、上手な師匠もあれば、嫌いな、不得手な師匠もある。落語が他の日本の伝統芸能、とくに家元制度によって流派に分かれた諸芸と根本的にちがうところは、自分の師匠以外の師匠からも稽古をつけてもらえる、噺を教えてもらえるということだ。身柄はきびしく師弟関係に拘束されるが、技芸と噺の伝承については全くの開放状態にある。これは近年はやりの規制緩和の結果なんてものじゃない。むかしからそうだったのだ。

　流派というものを経営基盤にしている諸芸能では、別の師匠に習うことはご法度《はっと》で、破門も覚悟の掟が立ちはだかる。落語界では、家元制を標榜した立川流であっても、そんな宗派的タブーは一切ない。

百席を超える録音を残し、二百席からの活字速記録もある六代目三遊亭圓生の師匠は四代目橘家圓蔵《たちばなやえんぞう》（一八六四〜一九二二）だが、この「品川の圓蔵」は教えるのがあまり得意ではなく、盗ませるタイプだったという。そのかわり、「きょうはこういう噺をやるから、よく聴いておきな」といつも予告してくれたというから、どうやら五代目小さんよりは親切だったらしい。

六代目圓生はさまざまな師匠たちから稽古をつけてもらっている。大御所の三代目柳家小さん（一八五七〜一九三〇）、大阪からたびたび上京した二代目桂三木助（一八八四〜一九四三）などはもとより、五明楼《ごめいろう》国輔《くにすけ》（不詳。幕末から大正期）などの古老まで、おびただしい人数にのぼる。とくに初代柳家小せん（一八八三〜一九一九）からは直に何席も教わっていて、「あたくしは、自分の師匠のネタより、小せんさんからのほうが多い」と言っていた。

初代小せんは明治末から大正前半の才人で、体をこわして寄席出演ができなくなったため、例外として稽古料をとって若手に噺を教え、生計を立てた。小せんの才気にあこがれた当時の若手は「小せん学校」通いにいそしんだという。

小せんのような大物でなくても、むかしは売れない老芸人ながら噺はきちんと覚えている人が何人かいて、志ある若手は稽古をつけてもらい、噺を教わった。そういう人は「稽古台」と言って落語界の重要な資源なのだが、近年はそういう人材が稀薄になった。

いまは録音や録画、速記などを上手に使って独学で噺を習得する人もあるようだが、本来は教える者と教わる者との差し向かいの相対稽古《あいたい》が基本である。そうでないと、「目線の演技など、細かいところが伝わりません」と六代目圓生は言っていた。

三回稽古が原則というから、教えるほうの労力と費す時間も相当なものだ。教わる側は三回で細大もらさず覚え、その後、自分で稽古をした上で改めてその師匠の前で演じ、以降の口演の許可をもらう。これを「上げてもらう」と言う。

46 ―真打の偶像と虚像

いまの落語界は年功序列をベースに、技倆や人気を加味して、かなりシステム化された昇進制度をとっている。力が少し足りなくても、パッとしたところがなくても、とにかく真打昇進は約束されているようなものだ。

およそ戦後十五年のころまではそうではなかった。老齢に達しながらついに真打にならなかった、つまり師匠と呼びにくい大先輩のはなし家がそれほど珍しくはなかった。中にはそれほど拙《つたな》くもない、噺も芸もしっかりしているが、客にウケない上に人間が偏屈だ、などの事情もあって二ツ目のままという人もいて、稽古台に重用されたようである。

当人の心境も枯れてしまって、なまじ真打になればいろいろと金がかかる、正月になれば前座やお囃子連にお年玉をあげなくてはならないし、いっそ二ツ目のままのほうが気が楽だ、と楽屋に常駐して太鼓を打ったり知恵袋になったりしている。たまに出演者に穴があけば、つまり急な休演があれば急遽高座に上がって年の功を聴かせたものだという。

　真打とは、席亭、幹部落語家、常連客の意向が〝三位一体〟となったときに初めて誕生するもの、というのが戦前までの昇進の原則論だった。かつて真打とは、誰もが必ず得られる資格ではなかったのだ。

　江戸落語の正統な継承者を自負した六代目三遊亭圓生が、全員年功序列の昇進、とくに「団体真打」の風潮を憤って落語協会からの分派行動を起こしたのは、一九七八（昭和五十三）年のことである。

　三代目古今亭志ん朝も同調して一時は行をともにした。挫折ののちも志ん朝は年功序列・全員真打を心の奥では納得していなかった。

　だが、真打昇進の手法だけを取り上げて問題にしても、じつはどうにもならない。戦後の社会変化の中で、落語界もいつのまにか体質が変わっていたのだ。芸人社会のサラリーマン化ということもできよう。むかしの規範がそのまま貫ける条件はなくなったということなのである。

　全員真打はよくない。一方、エリート選抜主義は非現実的、この二つの路線は対立あるのみで、交わる点がない。もしも土俵を変えれば、少なくとも理論的には解決法があるにはあった。

真打を廃止してしまうのだ。問題の根を排除すること。もとベテラン真打でも客にアピールしなくなれば出番は限られ、きのうまでの二ツ目でも人気があればトリをとるという実力主義への移行だ。こんなこと、時代の先取りでもなんでもない。とはいえ、真打の権威と栄光に殉じた高齢の圓生に向かって、これは言いかねた。

べつに乱暴な意見だとは思わない。上方落語界には、伝統的に前座、二ツ目、真打のような階級序列が明確には存在しないからだ。一部で短期間採り入れたこともあったようだが、定着はしなかった。

階級や序列の存在、それにともなう昇進の制度は、落語家の意欲や努力精進の源泉にもなるし、寄席興行の活性化にもつながり得るから全面的に否定はしないが、真打制度はもはや必要不可欠とも思えない。上方落語界は、そんなテコがなくても戦争直後の危機を克服して栄えたではないか。

圓生の身を賭した反乱のあとは、格別大きな波風もなしに大量の真打が生まれている。しかし、落語を、特定の落語家を聴きに行く人はいても、「真打」を見物しに寄席へ行く人はいない。

47――真打披露興行

東京落語界の近年の真打昇進は春に、または春秋に行われている。むかしは不定期だったらしい。一人真打にせよ団体真打にせよ、披露興行が都内の私営の定席四軒で順次催される。定席の興行は基本が十日間だから、上野の鈴本演芸場、新宿末広亭、浅草演芸ホール、池袋演芸場と四十日がかりで披露することになる。それに加えて国立演芸場でも十日間。

これは落語協会の話である。落語芸術協会は昭和の末以来、二〇一七（平成二十九）年現在も鈴本演芸場との絶縁状態が継続したままだから、その分は上野広小路亭などでの公演で補っている。

真打に昇進した者は、この興行で初めてトリをとることになる。三十日も四十日もトリをとり続けるのだから一人真打は大変だ。その点では、とかく批判のある団体真打のほうが昇進者にとって楽である。十人一組の昇進ならば、トリの回数は単純に十分の一になる。楽でもあり、物足りなくもあるだろう。

かりに四十日間のトリで演じるネタが三つか四つしかないようでは、先が思いやられる。どれもこれも上手でなくていいから、会得した噺の実績を数で示してほしい。また芸域の幅の可能性を質で示してほしいものである。

興行期間中が不入り続きというのも困る。披露興行には有力幹部がふだん以上に多数出演するのだから、新真打が観客動員の全責任を負うわけではないが、新真打の支援者が多いか少ないか、注目の度が高いか低いかが占われてしまう。

演芸なかばに披露口上が行われる。師匠や幹部連が居並んでお客に挨拶とお願いをする。新真打は無言である。彼が口を開くのはトリの落語のときだ。

口上の席だけは、全員が紋付きの羽織、袴を着用している。それが格式、礼節だ。背後には支援者から贈られた「うしろ幕」が張られる。いまは多少形式化の感があるが、どのような筋からどんなうしろ幕が贈られたかは、新真打のステイタスとなる。むろん贈り手の名前、あるいは名称はお客が読みとれる大きさの文字で記されている。

そのほか祝いの品が高座に飾られることが多いが、酒の樽などが適当なところで、あまり実用性を具現した品物では、見た目が卑しくなる。

落語家の口上だから、歌舞伎のように様式化されてはいなくて、くだけたものだ。

しかし、明治に生まれ戦前に修業した往年の師匠たちの口上には自ずからなる品格があった。口上も〝世につれ〟とは言いながら、やはり慎んでお客様に新真打のお引き立てをお願いするという基本は揺るがすべきではない。

近年は、テレビのトークショーまがいにベテラン落語家が脱線してみせたり、悪ふざけをしたりする。それを喜ぶ客も客だが、そんなことでは仰々しい紋付き羽織袴が猿芝居の衣裳になり下がってしまう。

48―トリ

「トリ」は、定席興行の最終高座をつとめる、最終の出演者である。一日二部興行なら昼席、夜席それぞれにトリはいる。かなり古くから、少なくとも戦後は「主任」の字を当てているが、その興行の主役、責任者、看板ということである。

落語家の所属する協会が曲がりなりにも近代化されて以降は、その事務局が寄席の出演料「ワリ」の配分を一手に行っているが、そのむかしはトリの芸人が出演者全員分のワリの総額をまず受け取り、そこから各出演者に配分した。総代表の「取り役」なので「トリ」という呼称が生まれた。「トリ」が「取り役」を降りたあとも言葉は残った。

そして、「トリ」といえばフィナーレを締めくくる芸人という、いわばステイタスの表現になった観がある。実際、ワリに関与したころも、しなくなってからも、トリの演者はそれなりの演目を長演するのがしきたりのようになっている。

三遊派の圓朝とその高弟たち、また柳派の初代柳亭《りゅうてい》(談洲楼)燕枝《えんし》(一八三八〜一九〇〇)などが活躍した幕末・明治期には、トリは続き物の人情噺(芝居噺・怪談噺を含む)を演じて客を集めた。当時の十五日興行に合わせて作られたのが『真景累ヶ淵』などの続き噺である。

トリをとるべき真打は、この種の噺を演じられなければならないと言われたこともあったようだ。それはしかし、落語界の全体を支配する論理ではなく、滑稽噺専門の真打も大勢いたのだが、これは人情噺の盛衰に関係なく、トリの価値観の高さを示す話であろう。

そのころにくらべて寄席の軒数が四十分の一ほどに減り、真打の人数が数倍以上に増えている今日、披露興行以降はトリをとったことがないという真打が少なからずいるのはやむを得ない。「トリ」の価値は「真打」ほど形骸化していないはずだが、実体がむなしくなってきたようである。

純粋に寄席の楽屋用語だった「トリ」はいつしか一般化し、他の芸能分野はもちろん、素人の、たとえばカラオケ遊びのような場でも、またスポーツや会議の進行の場でさえも使われるようになった。

いつのころからかＮＨＫの「紅白歌合戦」の大《おお》トリは誰か、が話題になるご時世となった。「大トリなんてないんです、トリは『トリ』なんです！」と柳家権太楼《ごんたろう》が高座で力説していたが、言葉が妙に普及するのも考えものだ。原義を知る者からすれば、「大トリ」では搾取の親玉のように聞こえる。

トリが「取り」だった時代、明治の四代目（オットセイの）柳亭左楽《さらく》（一八五六〜一九一一）は〝取り欲〟の強い人で、他の出演者へのワリの配分がひどく辛い上に、なかなか渡そうとしなかったという。『千早振る』の題材になっている在原業平《ありわらのなりひら》の名歌の下の句「からくれない（韓紅）に水くくるとは」をもじって「左楽でないにワリくれぬとは」と詠んだ才人がいて、楽屋で大ウケをしたという。

49——中トリと中入り

「このごろ中《なか》トリ、中トリって言うけど、そんなものはないんだ。中入《なか》り前ってんだよね」と、十代目桂文治はよく言っていた。中《ちゅう》トロはいいけど中《なか》トリは認めるもんかの意気だった。大トリは寄席業界以外の半造語だったが、寄席の世界でも老師匠を憤慨させる不審な造語が発生するようだ。

寄席の休憩タイム「中入り」の前に上がる、つまり前半を締めくくる役割を、いまは多くの人が「中トリ」と言う。〝本トリ〟ではないが第二の総括出演者という心なのだろうか。むろんトリが「取り」だった時代にこんな言い方はなかったろう。トリをたんなる締めくくり役とイメージする一般人には、かえって「中トリ」のほうがわかりやすい。

やがて「大トリ」が逆輸入されて、今席《こんせき》の中トリと大トリは、などという時代がこないとも限らない。文治師匠、そんな目には遭いたくなかったでしょ。

実際、以前はそのポジションを「中入り前」とか、ただ「中入り」と言っていたようだが、中入り直後の「くいつき」、トリ前の「ひざがわり」ほどはっきり定着した呼称ではなかったようだ。興行上の重要なポジションにはちがいないが、くいつき、ひざがわりほどむずかしい役割ではないから、「中入り」などと、休憩そのものとまちがえそうな、希薄な表現をされていたのではないか。

とにもかくにも「中トリ」と銘打ったら存在感が増してきた観があるのは、芸人の増加と寄席の減少で本来の「トリ」をとるチャンスが激減したからでもあろうし、そのためにポジション本来の価値が見直されつつあるからでもあろう。いまでは「トリ」に準ずるようなイメージになってきた。

休憩を中入りと言うのは、畳敷き時代の寄席で、休憩にお茶子が客の中へ入って茶や菓子などを売ったからだと言われている。それを〝中売り〟とも言ったそうだ。椅子席主流になると売り子の通路は限定されて、座席一列の中央部の客との売買はしにくくなった。畳時代のような小回りがきかなくなり、自然、客が売店に足を運ぶようになって売り子の〝中入り〟は姿を消した。

寄席業界で「仲入り」とにんべんを付けて書くのは、ことごとに人が大勢入るのを願うからであって、それ以上の意味はないと思う。むかし、ホール落語の会では寄席とのちがいを示すためか、プログラムに「休憩」と記していたが、近頃では「中入り」「仲入り」を採用するようになった。

古今亭系に伝わる『今戸《いまど》の狐《きつね》』には寄席草創期の中入りの話が出てくる。そのころの中売りはお茶子ではなく前座がした。客に籤《くじ》を売って歩いたそうだ。景品は金花糖《きんかとう》細工などだが、まず当たりは出ない。たまに出ても、客は使い古しの金花糖なんか食べたくはないから受けとらず、籤の売り上げがほとんどそっくり前座の小遣いになったという。

「中入り」は寄席専門の事柄ではない。能狂言の公演にも、むかしの、朝から夕方まで通しの歌舞伎興行にも（仲入りではなく）「中入り」はあった。いまでも堂々「中入り」が通用するのは大相撲。十両の部と幕内との境目が中入りだ。

50―くいつき、ひざがわり

中入りが終わって興行が再開されたとき、すぐに高座に出る役割を「くいつき」と言う。中入りに客が軽く飲食をした――食った直後だから――いや、伝統的に場内での飲食お構いなしの寄席なので、まだ飲み食いをしている客もいる――、そんな少し乱れかかった状況に食い付く出番だから「くいつき」と言う、と言われている。

飲食がなくても、いったん客の神経が高座から開放されて、いわば里心がつきかけている。それをもういちど高座に集中し直させるのは、決して楽な仕事ではないとされる。

上手でも優等生的な、おとなしい芸風の人だと、いわゆる〝蹴られる〟おそれがあるし、その結果がトリにまで尾を引いては演者も客も不幸だから、「くいつき」には高座度胸のある、または個性的な、あるいは威勢がよくてパッと目立つ演者が望ましい。ふだんは浅い——、つまり早い時間帯の出番に定着している二ツ目クラスであっても、有望株と認められれば、深い「くいつき」に抜擢されることがあるのはそのためだ。

トリのすぐ前に上がる芸人を「ひざがわり」と言う。トリはほとんど落語だから、音曲《おんぎょく》や曲芸などの色物《いろもの》がつとめるのがふつうだ。むかしは色物も座芸ばかりだったので、トリの前の〝膝（着物）の色変わり〟ということなのだろう。立ち芸が多くなった昨今では実感の薄い名称になった。

「ひざ」をつとめる色物は客を堪能させながらもトリの邪魔をせず、トリを引き立てる役割だから、むかしのトリはお気に入りの芸人にしかこの役をやらせなかった。

近年は色物芸人も自己主張が強くなり、大車輪に演じて喝采を浴びたり、冗舌に自分の意図をひけらかしたりしている。それが現代の客のニーズに適っているのだろうが、「ひざがわり」としてはうるさすぎる。

多くを語らずに客の目を引きつけたアダチ龍光《りゅうこう》（一八九六〜一九八二）の奇術のような「ひざがわり」の名人がいたら——と思うのは、もはやないものねだりだろうか。

51——噺が「つく」とは

ある一日の公演に似たもの同士の噺が演じられるのは、「噺がつく」とタブー視される。泥棒の噺が二席あってはいけない。廓噺も同じこと。幽霊の噺、酒の噺、借金の噺、喧嘩の噺、武士の出てくる噺、みんな同じことで、お客様に二番煎じを聴かせないよう、避けるのである。

噺そのものは似ても似つかないが、サゲやメインのくすぐりが手法的に同趣向であれば、これも「つく」範疇に入る。できれば、まくらもみんなちがうほうがいいが、そこまでは律し切れないようだ。

寄席では、前座が楽屋帳に毛筆で演目を順次記入するので、あとから楽屋入りした演者は前に何がやられたかを知ることができて、暗黙のうちに「つく」のを避ける。

出番があとになればなるほど演目の選択肢は減るわけだから、若手が起用される場合もある「くいつき」は別として、後半ほどベテラン演者でないと対応しきれないという実態はある。持ちネタの極端に少ない明治期の大看板・四代目柳亭左楽に対して、前に上がった演者たちがつく噺を総動員していやがらせをした逸話さえ残っている。

この楽屋の帳面、楽屋帳のことを、最近は根多帳《ねたちょう》と言っている。本来のネタ帳は演者個人がそれぞれに持っている自分の「財産目録」で、演目に迷ったときにはこれを眺めて選択する。必ずしもすべてのはなし家が所持しているものでもない。

ホール落語会ではチケット前売りのために演目を事前告知するから、楽屋帳はたんなる記録資料にとどまることになる。かつての東横落語会や初期の落語研究会（第五次・TBS）では何ヵ月かに一度、レギュラー出演者が会合して演目の調整をしていたようだ。

最近、ホール落語会はプロデューサー役が演目の調整まで一手にやるのがふつうだから、演者に負けないほど噺を知った人物でないと、行き届かない結果になることがある。演目同士のつきに気がつかないまま予告プログラムを発表してしまうことがたまにある。

しかし、演者の知恵を借りた時代でも「つく」ことはあった。かつて五代目古今亭志ん生が、それを理由に三越落語会の高座に上がってから演目を変更し、こともあろうにトリでバレ噺、つまり艶笑噺の『鈴振り』をやったことがあった。

そんなときの志ん生の宣言、「……しとつ、（演目は）あたくしにおまかせください。決《け》して悪いようにゃァ致しません。……いいようにしちまうン……」がなつかしい。

料理の献立て、コースメニューと同じことで目先は変わったほうがいいし、ものには順序というものがある。そこが乱れては公演全体がしっくりしなくなる。

以前はよく「若旦那特集」だの「動物ばなし特集」だのという催しがあった。企画者はしてやったりのつもりなのだろうが、それこそ半可通の机上プランニングである。演者と大多数の聴き手には食傷現象が起きて、後半の演者ほど、まくらの小咄の選択に窮することになる。

CDなどのパッケージの中で噺が「つく」のは、その限りにあらずだ。聴き手が自由に、アトランダムに選択して聴けるのだから差しさわりはない。幇間の噺二席の対照などという、パッケージならではの企画性も出てこようというものである。

52――色物とは

東京の寄席は落語が主体だから、色どりを添える諸芸を「色物」と総称している。漫才、漫談、太神楽《だいかぐら》、マジック、紙切り、曲独楽《きょくごま》、音曲、物真似などなど、ジャンル名は個々の演者、グループがそれぞれに唱えてまちまちだが、落語とこれらが織りなすバラエティ・ショーが寄席興行の基本である。

講談や浪曲もここへ出演すれば色物の一種になる。ただし、かつては全盛を誇ったこともある釈場《しゃくば》つまり講釈（講談）専門の席（寄席）、あるいは浪花節（浪曲）の席から見れば、落語主体の現在のような寄席が「色物席」ということになる。

色物という言葉は〝色を添える〟、〝色どり〟あたりからきているから、何らかの主体に対しての異色という意識である。多か少かという観点からすれば少数派を表している。東京の寄席では落語に対することだが、放送やレコードの業界では落語・講談・浪曲など演芸全般を色物と称することもある。音楽、歌謡を芸能の主体に置いた見方だろう。

明治大正のころは義太夫の席もあった。娘義太夫の人気で全盛をきわめた。そのころ寄席には、いまは完全に純邦楽、つまり音楽の世界へ去った常磐津《ときわづ》や新内《しんない》なども出演した。琵琶《びわ》が出たこともあったというのだから、いまの寄席とは隔世の観がある。

それぞれの時代に人気があった芸能は、その芸人さえその気になれば寄席の高座を踏んでいた。放送や映像メディアのなかったころは、寄席がバラエティ番組をナマで提供していたということだ。

その伝で行けば、寄席の色物に新種のパフォーマンスが次々に登場していいわけだから、現在の寄席演芸業界も、もっとプロデュース性を取り戻すべきだろう。その点では国立演芸場が先行していて、これまで寄席になじみがなかったグループなどをかなり積極的に採用している。残念ながらまだ当たり外れの差が大きく、〝地味な〟座芸の落語・講談を邪魔する大道芸的なものに出くわすこともある。

色物はふつう、トリをとることはない。だが、物真似の三代目江戸家猫八《えどやねこはち》（一九二一〜二〇〇一）はトリをとることを条件に落語協会から落語芸術協会へ移籍した。猫八は語りも達者だったからマンネリの落語よりよほどトリが板についていた。

文政期の初代都々一坊扇歌《どどいつぼうせんか》（一八〇四〜一八五二）や明治大正期の女流・立花家橘之助《たちばなやきつのすけ》（一八六八〜一九三五）のように

音曲系統でトリをとった例もある。二人とも真打格だったのだから異議はないとは言うものの、純粋な落語とは全くちがう芸である。昭和戦後、漫才のコロムビアトップ・ライトも、定席時代の東宝名人会でトリをとったことがあった。

寄席興行がバラエティ・ショーであるならば、むかしながらにトリは落語だと決めてかからないほうがいい。いまの、これからの客にとっては、フィナーレはカラフルでダイナミックなほど楽しめる。落語がトリの牙城を守りたければ、それに負けない魅力を持つことだ。

53—改めて「寄席」について

ここまできて、遅ればせながら「寄席」について一筆。

言うまでもなく寄席は演芸諸芸を供して庶民に楽しんでもらう興行所だ。〝人をよせる〟から「よせ」という名が生まれたと言われる。寄せるの「る」、寄せて○○するの「て」が略されて成語が生まれるのはよくあることだ。

「寄席」と書いて「よりせき」、「きせき」と読ませずに「よせ」と読ませる。これが不思議だと言う人がよくいるが、何事もまず文字を絶対基準として考えるのはつまずきのもとだ。落語を聴いて楽しむ人なら、文字はただの便宜くらいに思ってほしい。

初めにまず「よせ」という言葉がまとまり、それにあとから漢字を当てはめたと考えるほうが自然だろう。日本語にはよくあるケースだ。

若い人が「寄席」を正しく読んでくれないことに悩む必要はない。そこに魅力があふれていれば、自然に読まれるようになる。シコ名が読みにくくて大相撲の人気が落ちたという話は聞いたことがない。

落語中心の寄席は一七九八（寛政十）年に江戸と大坂で同時に発祥したとされている。それまでは好き者たちが落しばなしの会などを催して、趣味、遊びで噺を作り、限られた同人に聴かせていたが、この年から木戸銭をとってオープンに興行するようになった——、簡単に言えば、そんな流れではなし家というプロの芸人が産声をあげたのである。

ただし、江戸の落語は座敷芸から、上方の落語は大道芸の辻ばなしから生まれたと言われる。いまでも上方落語に「はめもの」と言われる唄、三味線、太鼓鳴り物がにぎやかに入るのは、道行く人を呼び込む手段の名残だと言われている。

明治期、東京には大小の寄席が二百軒近くあったという。いまの東京区部の半分以下のエリアしかなかった旧東京市内——新宿も池袋も市外だった時代のことである。

日清・日露戦争で大黒柱に戦死され、生活のために家を改造して二階で寄席を開業するという例も少なくなかったという。寄席はたいした設備もいらず、前座ぐるみ演芸者ご一統で高座を運営するから、何もかもまかせてしまえば、席亭側は最小限の人員と労力で何とかやれたのであった。

そのころは畳席だから、客が大勢詰めかけても「お膝送り」を願って詰め込めば相当な人数を収容することができた。その点は椅子席より融通がきくが、それでもむかしの寄席は数十名から百五十名ほどのスペースが大多数だったという。二、三百人も入れば大きな寄席で、五百名あたりが最大級だったらしい。

マイクロフォンの開発は大正の末年である。寄席が採用したのはほとんど昭和戦後と思われるが、むかしの規模の寄席であれば肉声で充分声は通った。

娯楽の多様化、とくに映画の隆盛によって関東大震災以降、寄席は減少の一途をたどった。戦災で東京、大阪が灰燼に帰したあと、再建された寄席はわずかだった。

これは世の流れであって致し方ない。寄席は激減したが、落語などの演芸は戦後のラジオに重用されて全国津々浦々にまで流れるようになった。都会芸が全国芸へと転身したのだ。百五十年間にわたって寄席の揺籠《ゆりかご》で温まっていた落語が自分の足で歩き始めたのだ。今日、落語はエンターテインメントの先端からはすっかり退いたかたちだが、それは相対的な現象と見るべきで、落語人口は必ずしも減少していない。

寄席には駆け出しの前座、二ツ目からベテランまでが出演する。名人やスターも出演するし、売れない芸人も、未熟な演者も出演する。寄席は興行の場であると同時に芸人の「道場」だ。ここでネタ下ろし、つまり初演をして噺と自分との相性を試し、工夫や実験をする場合もある。当たり外れを含めて芸人を知る上でこれ以上の場はない。興行的な理由からか、道場としての性格が薄れている寄席もあるが、江戸時代以来変わらないこの寄席のあり方はいまや東京にしかないものであって、貴重な「文化財」と呼んでいいものだろう。

54—上席・中席・下席と正月の寄席

現在、東京の定席の寄席は基本的に上席《かみ》・中席《なか》・下席《しも》に分けて一ヵ月の興行を行っている。それぞれ一般的にいう月の上旬、中旬、下旬に対応すると思えばいい。一日から十日までが上席、十一日から二十日までが中席、二十一日から三十日までが下席である。

これでわかるとおり、寄席には何曜日だとか何日にという定休日が原則としてない。いつ行ってもやっているからこそ「定席」なのである。大の月の三十一日は余り日になるが、ここも休まず、特別な自主公演や貸しホール公演を行っている。余一会《よいちかい》という通称もある。

とはいえ従業員の慰安や改装、点検などのためにその余り一日の一、二回を休むことがあるし、暮れの下席は二十七日か八日どまりで定席興行を切り上げる。大晦日《おおみそか》まで、特別公演をやっていては正月の飾りつけもままならない。

明けて元旦からの上席は「初席《はつせき》」と呼ばれる。縁起商売だから、寄席は装いも新たに朝早くからにぎやかに新年の興行を始める。特別に朝、昼、夜の三部体制をとって看板どころの師匠が顔を揃える。芸人の出演も盛り沢山で、一人、一組の持ち時間は数分ほど、顔見せ程度のものだ。みっちり聴かせることはないが、寄席バラエティーの究極が楽しめる——と言えなくもない。たいていの寄席が客席の入れ替えはなしだから、一部の料金で三部まで、朝から晩まで居続けたってかまわない。

初席もたいがい、一月六日以降の後半には昼夜二部のふだんのかたちに戻すが、にぎやかな顔ぶれでショート高座という体制は変わらず、それは「二之席《にのせき》」へと受け継がれる。二之席も一月だけの、中席の別称である。一月も下旬になれば正月気分が薄れるから、ふつうに下席と呼ばれている。初席は寄席の書き入れ時で、立ち見を含めて連日超満員になることが多い。

上、中、下の十日興行体制がスタンダードになったのは、ほぼ昭和期らしい。江戸時代以来、長く上席と下席の十五日体制が続いていた。続き物と言われる長篇人情噺は、トリが十五回続けて完結するサイズに作られた。

十日方式の導入は、五代目柳亭左楽（一八七二～一九五三）が院政を敷いていた落語睦会《むつみかい》が最初に採用したと聞く。

落語睦会は当時の人気若手を中核にした組織だったので、小回りのきく短縮興行で旧派の団体に勝負を挑んだらしいが、結果は当たりで、旧派もやがて十日制に切り換えるようになった。平成の落語ブームも若手が中核だと言われているが、睦会ほどのエポックはまだ画していない。背景に危機感がないためだろう。

いまは十日間でも長いと思う。芝居のように仕込みが大きくないのだから、寄席興行は五日でも、日替わりでもいいのではないか。全国各地の落語会に演者が飛び回るこの時代に、十日の拘束は、伸び盛りの若手にとって大きな負担になる。代演が多いというクレームの根は、すでに八十年に及ぶ上・中・下の十日仕切りにある、とは誰にでもわかることだが、興行体制の革新は、言うは易く行うは難しの領域だ。部外者はこれ以上言わぬが花だろうな。

現在、落語芸術協会は十日間を前半後半の五日単位に区切って顔ぶれを修正し、とにかくいまの時代への対応姿勢をとり始めている。

55—ホール落語の栄光と現実

寄席では、トリ以外の落語家が三十分近い、あるいは三、四十分以上の噺をやることは、まずない。小味なネタを聴かせてくれるのはいいのだが、長いネタの途中、笑わせどころで「冗談言っちゃいけない」を節目に噺を切ってしまう「冗談落ち」を二つも三つも聴かされては、欲求不満になる。

落語だけをみっちり聴かせる競演会は太平洋戦争戦後盛んになった。自治体や企業が次々と開設した「ホール」での公演ばかりだから「ホール落語」、「ホール落語会」という名称が生まれた。

原型は「落語研究会」にあるだろう。大学や高校のオチケンではない。最初のものは、圓朝没後の落語界に危機感を覚えた東京の落語家による同人組織である。一九〇五（明治三十八）年の発足だから百年以上前のことになる。中心メンバーは四代目橘家圓喬《えんきょう》（一八六五〜一九一二）、初代三遊亭圓右《えんう》（一八六〇〜一九二四）、二代目三遊亭小圓朝《こえんちょう》（一八五七〜一九二三）、初代三遊亭圓左《えんさ》（一八五三〜一九〇九）、三代目柳家小さんなど。有識者たちを顧問に招き、選ばれた客に呼びかけた会で、噺を競演し、互いに批評と研究をし合い、噺の継承と熟成、そして芸の向上を図ろうという趣旨だった。

エリート主義の弊を感じないでもないが、この公演を通じて東京の落語が前近代性を脱却し、後世に残り得る合理性と近代的知性を身につけた功績はあると思う。若手も含めて落語ばかり八つも九つも聴かせる会だった。

これが第一次と位置づけられる研究会である。関東大震災で中断のあと再開したのが第二次、太平洋戦争後に短命だった第三次、そして十年ほど続いた第四次の研究会がある。その後、九年ほどのブランクを置いて一九六八（昭和四十三）年に発足し、いまなお続いているのが第五次。「落語研究会」は何度も中断しながら百年の歴史を作った。

第四次までは落語家の自主同人組織だったが、第五次はＴＢＳ主催の録画を兼ねたホール落語会だから基本的な体質は変わったが、落語だけの、長演や大ネタも扱う会であることに変わりはない。

こうした落語専門の催しを営業的にプロデュースしたのが一九五三（昭和二十八）年以来

続く、日本橋・三越劇場の「三越落語会」である。高橋誠一郎、久保田万太郎、安藤鶴夫、のちには戸板康二、池田彌三郎などを選者に担いで、〝落語文化を鑑賞する会〟のようなステイタスを掲げていた。その当否はともかく、ラジオが量の面で落語を重用した時代に、ホール落語は質の面で落語をランクアップしたと言えよう。

一九五六（昭和三十一）年には渋谷の東横ホール（のち東横劇場）で「東横落語会」がスタートした。こちらは湯浅喜久治という気鋭のプロデューサーが企画をしたが、その背後には安藤鶴夫がいた。湯浅が、やがて安藤がいなくなってからは江國滋が穏やかにまとめていた。

第三回以降はレギュラー・メンバーを八代目桂文楽、五代目古今亭志ん生、六代目三遊亭圓生、三代目桂三木助、五代目柳家小さんの五人に絞って、正統落語の牙城を誇りすぎるほど誇っていた。

「三越」も「東横」も百貨店が館内のホールで行った自主企画である。月一回、あるいは隔月に一回ではあったが、落語が美術工芸並みにデパートの優良顧客誘致のイベントに扱われたわけである。当初のレギュラー五人が健在のころの「東横」は、当日チケットなど求めるほうが野暮だった。

その後、「精選落語会」、「東京落語会」、「紀伊國屋寄席」、「落語研究会（第五次）」などが次々に生まれて、一九六〇年代はホール落語の全盛時代だった。そのころは、若手を含めて七人出演がスタンダードである。八〇年代以降は大看板が次第に世を去り、客側もコンパクトな公演と早い帰宅を望むようになって、五人体制が標準になっている。

ホール落語全盛の六〇年代――、いわゆる高度経済成長期には逆の風も吹き始めていた。景気に乗るように全国各地方が芸能文化産業の市場になり始める。東京の寄席に出演しているのとは比較にならない出演料が各地で待っている。五〇年代のラジオ落語が地方市場を開拓した一つの結果でもあった。

大きく見ればこれも落語の発展にはちがいないが、手放しでは喜べない。寄席より高額の出演料で有力落語家を掌中におさめたはずのホール落語会に出るよりも、効率よく各地を回れば、地方の金脈のほうがはるかに太い。

一九七〇年代から八〇年代にかけて東京都内の多くのホール落語会が店仕舞いをしたり元気を失ったりして、新たなホール落語会の誕生もなくなった。

一つ、例外がある。何を隠そう私がプロデュースしている有楽町マリオン・朝日ホールでの「朝日名人会」だ。第一回は一九九九年二月二十五日。ちょうどホール落語ばかりでなく落語全体が不況のどん底にあった時期にあえて船出をした会だった。以来十八年以上、一七〇回に達する定期開催に乱れはない。

常にトップクラスの落語家が協力してくれているからこそのことだが、銀座が目の前の土地柄で、土曜日の午後の公演であることが好調の主な理由であると思う。朝日新聞社自前のホールであればこそ可能なことで、CD録音の場としてのソニー・ミュージックとのタイアップも寄与していて、存続の生存ラインを満たしている。

その詳細はこれ以上述べないが、東京で長期計画のホール落語が成り立つ条件は依然として厳しいことに変わりはない。

56―寄席のスーパースター

むかし東京では町内《ちょうない》ごとに寄席が一軒ずつ、と言うほどあった、とよく言われる。同じ時代の大阪も同様だったのだろう。江戸の町はおよそ百二十メートル四方ほどの区画で一単位だったと言うから、面積は小さなものである。いまの東京にそんな区画が残っているのは神楽坂、牛込周辺の一部にしかすぎない。

そんな時代の寄席は地域ごとの娯楽場であり、またローカル・メディアの役割も果たしていた。その町の人はよほどのことがない限り、他地域の寄席まで足を運ばなかったのだろう。

そんな時代にも破格のスターはいて、それが出演する寄席にはよそからの客も押しかける。ために周辺の何軒かの寄席には閑古鳥が鳴く。そういう、地域を超えたスターを「八町《はっちょう》(丁)荒《あ》らし」と呼んだ。八町四方の他の寄席の客を食うという意味だ。かの三遊亭圓朝も若いころは「八町荒らし」の異名をほしいままにしたという。

この場合の「町」は距離の単位である。八町と言えば九百メートル弱だ。何と狭い範囲と言うなかれ、基本が徒歩の時代なのである。

「八町荒らし」は遠いむかしの夢だ。やがて寄席は加速度的にその数を減らし、互いに何十町も離れてしまった。その一方、戦後のある時期、ラジオで落語が全国に、しかも大量に流された。ラジオを制する落語家も生まれた。三代目三遊亭金馬、五代目古今亭志ん生、林家三平《さんぺい》（一九二五〜一九八〇）。

「八局荒らし」なんて言葉は生まれなかったが、落語のエリアは町内を、寄席を、八町のたとえを苦もなく超えてしまった。さらにテレビ、レコード、ＣＤ……と落語を楽しむ手段は拡大、大量化した。落語は寄席での失地をメディアで余りあるほど回復したのである。

57――独演会のバリュー

往年のラジオ落語やホール落語会は、寄席ではトリしかやらない長い噺がたくさんあることを教えてくれた。笑いは少ないが、聴きごたえたっぷりの劇的な噺が数多く存在することを全国に知らしめた。その功績は、とくに六代目三遊亭圓生に負うところが大きい。

誰の演じる落語でもいいから朗らかに笑えればいい。そういうニーズがそれまでの主流だったのだが、次第に聴き手は品物を選別して落語を楽しむようになった。八代目桂文楽や五代目古今亭志ん生のような、この噺はこの人でなければ、の領域を厳然と持つはなし家が少なからずいたことが、その流れを加速させた。

幕末明治の名人時代には、おそらくひとにぎりにしかすぎなかった〝選んで聴く〟人々が、広く厚くその数を増した。これは古今亭志ん朝や立川談志、柳家小三治などの時代へと受け継がれてきた。

特定の演者がたっぷりやってくれる会へ行って聴く。その演者が二、三席やってくれれば願ったり叶ったりだ。あまり一演者に一極集中するのはいかがなものかと思うが、とにかく〝選んで〟〝こだわる〟時代になってきた。服飾でも飲食でも特定のものを、個別のものを求める風潮が強くなったように、これは抗しがたい人心の変化だろう。

一九七〇年代後半あたりから、ホール落語会よりも独演会、いわゆる一人会、あるいは具体的なテーマを共有する演者集団の会が隆盛になってきた。各地に設備のよいホールが数多く建設されたことも、この傾向をいっそう強めたようだ。

もちろん、オーソドックスな意味合いの「独演会」は遠いむかしからあって、一九六〇年代までの「独演会」は、その後のものとかなり性格がちがっていた。

戦後の落語界で独演会を頻繁に開いていたのは六代目三遊亭圓生、五代目古今亭志ん生、八代目林家正蔵（彦六）の三人だ。五代目柳家小さん、三代目桂三木助がこれに次ぐと言ったところか。これらの演者に共通するのは、持ちネタ、得意演目の数が多いということだった。

最近、独演会イコールワンマン・ショーと簡単に見なす傾向があるが、ただ一人で二席、三席を演じれば「独演会」と言えるものではない——、というのが、昭和五十年代ころまでの伝統的な考え方だった。

人気と集客力があれば会はやれる。営業的にも成功するだろう。しかし、演じた三席が三席、同じような毛色の噺で、まくらやくすぐり、ギャグも同類項の続出だったというのでは手柄にならない。そんな程度の芸人に「独演会」はおこがましい、というのである。

たとえば、旅の噺と職人の噺と廓噺というように、三席それぞれ別世界を演じて一夜の独演会を構成すること。かりに世界は別であっても目立つくすぐりやサゲ（落ち）の手法が似かよっていれば避けること。一人舞台の「独演会」で噺が「つく」のはもってのほか。

それほどの芸域、芸の幅の広さ、持ちネタの数の多さを、またまくらに使う小咄や洒落の抽出《ひきだし》の数があって初めてつとめおおせるのが「独演会」だとされていたのである。

八代目桂文楽は名人と言われながら、とくに晩年は、まず独演会をやらなかった。この上なく結構な芸ながら持ちネタの数がひじょうに少なく、その噺の世界も特定の方向に限られていたし、描く人物の種別も幅もひどく狭かったから、独演会の構成にはたちまち行き詰まってしまうのだ。

古今亭志ん朝はネタの数も多いし、噺の世界を多様に描き分けられたから独演会形式の会はずいぶんやったのだが、自分から「独演会」と銘打つのを忌み嫌っていた。はなし家の家に生まれ、「独演会」というものの重さが身にしみていたからではなかろうか。

立川談志はもっぱら「ひとり会」をやった。内実は独演会なのだが、芸というものをよく知る人だけに、お手軽な独演会がはびこる風潮と一線を画したかったのだろう。独演会と銘打たない「志ん朝の会」と「談志ひとり会」が双璧をなした時代がなつかしい。

いまは新進真打から二ツ目まで、ひとりの会の花盛りだ。勉強にはなるからいいことだと思う。「独演会」の呼称も使われすぎて有難味がなくなったのか、最近はあまり目立たなくなったようである。

志ん朝や談志のこだわりも昔ばなしの部類に入った。しかし、落語ファンの特定演者追っかけ傾向にはますます拍車がかかるだろう。

58—ひとり会とニニンカイ

柳家小三治はしばらくの間、東京・上野の鈴本演芸場でシリーズの独演会をやっていた。一九八〇年代の後半から約二十年間、昭和末期から平成の初期にかけてのことだった。回数は当初年に五回もあったが、終盤は年二回に減少していた。

地方の読者は、一年中休みがない定席の寄席興行のどこに個人の独演会が割り込むのか、首をかしげるかもしれない。定席は十日単位で仕切る興行システムなので、年に七日間、三十一日という日付が余り日となる。そこを余一会などと称して単発の特別公演にあてることは昔からよくあった。昭和戦後に六代目三遊亭圓生が地味な勉強家から一転して名人街道を走り始めたのは、人形町末広での連続独演会が起爆剤だったと言われている。

三十一日は年に七日あるとは言っても、大晦日では独演会には不向きだろう。七月、八月もいかがなものか。冷房が寄席に行き渡ったのは一九六〇年代だったから、特定演者によるシリーズの独演会は年に五回もあれば立派なものだ。

「なんだ。二席しかやらないのか」

独演会開始を師の五代目柳家小さんに報告したら、こんな返事が返ってきた。これは柳家小三治当人の口から聞いたことだ。

仮にも「独演会」と名乗るのなら、三席はやるものじゃないのか？　小さんが寡黙の人でなかったならば、そう付け加えただろう。

独演会に意欲的だった五代目古今亭志ん生や六代目三遊亭圓生は、よほどの大ネタを入れない限り、三席をスタイルのようにしていた。明治・大正期の三代目柳家小さんは小ネタ二席ほどをあしらい、一晩に六席くらい独演会で演じたそうだ。

近年の演者は「独」の一字に忠実なのか、自分以外は誰も高座でしゃべらない会をやることがある。客席側の期待にそむくわけでもないので、それは平成流独演会のスタイルにもなりかねない。

志ん生、圓生時代の独演会は、主人公の三席のほかに客席の気分を変える色物が入った。さらに、若手の場が少ない時代だったので、弟子二、三人が前高座をつとめた。三代目桂三木助の場合は一流の色物が二組も出演していた。

当然、公演時間は長くなる。五時頃に始まって九時半すぎまで。つまり毎日の定席興行と開演・終演時間はほとんど変わらなかった。席亭、つまり寄席の経営者も、独演する落語家も客席の聴き手も、それが当たり前だと思っていたのだ。

勤め帰りの客などは主人公の第一席目に間に合うのがやっとで、弟子の高座はとても聴けないのだが、それも当時の定席のままの常識だと、誰もが思っていたようだ。豊かになる前の日本のほうが、むしろ気持ちにゆとりがあったようで、そこによい芸も育ったのではないか。

エンターテインメントのありようや適性タイムはその時代によって変わるものだし、小三治のようなマクラ含みで悠々と時を楽しませる芸はその限りにあらずだから、独演会最少三席説の是非に深入りしても仕方がないが、ここまでの経緯で、かつての「独演会」なるものがいかに権威を持っていたかが窺われるだろう。

ホール落語がまだなく、入れ替わり立ち替わり十五ほどの芸人、グループが出没する寄席が圧倒的主流だった時代に「独演」の一夜がつとまる演者は、ざらにいるものではない。

三代目古今亭志ん朝が「独演会」と銘打たれるのを嫌ったのも昔語りの域に入ったが、あれは権威のレッテルに対する反発と、独演会への敬意とが作用し合ってのことだったと思う。志ん朝と同時代の傑物・七代目（自称五代目）立川談志は、そんなことに捉われなかったのか、内心捉われていたのか「独演会」の看板は捨てて「ひとり会」で気を吐いていた。

これはうまい。さりげなくてわかりやすくて、少なくとも当初は独創的で、しかも権威的でない。大物がやっても駆け出しの若手が名乗っても卑下にもならず、生意気にもならない。

談志存命中から少しずつではあったが、「ひとり会」的な看板の会が増えてきて、それがほぼ独演会であるという暗黙の了解も成り立ってきた。

家元制を採用した人のわりには、「ひとり会」を商標か何かに登録して名儀使用料を要求した、という話は聞かない。

ひとり会が立派に市民権を得たあたりから、「二人会」をニニンカイと読む人が減った。フタリカイだと言う。二人三脚をフタリサンキャク、二人称をフタリショウと言ったら笑われ、寄席の芸「二人羽織」をフタリバオリと読んだら叩かれるのに、近頃は「ニニンカイ」の影が薄くなってしまった。演芸会の新語「ひとり会」のこれは副作用めいた現象だ。

古き世代の私としては、ドクエンカイ、ヒトリカイ、ニニンカイの三様が生き続けることを願うばかりだ。ニニンとフタリの氏素性《うじすじょう》をわきまえて使い分けていただきたい。ことばの芸・落語に心ある人ならば――。

ほんの少し、ニニンとフタリの住み分けの実例を紹介しておこう。

落語には『二人（ニニン）旅』がある。『のめる』の別題は『二人（ニニン）癖』。長唄には『二人（ニニン）椀久《わんきゅう》』『二人（ニニン）道成寺《どうじょうじ》』『二人（ニニン）禿《かむろ》』。『二人袴』は長唄では『ニニンハカマ』、狂言では『フタリハカマ』。狂言には『二人（フタリ）大名』、能には『二人（フタリ）静《しずか》』。『フタリ――』という題の落語は、古典では見当たらないようだ。

59―メディアの落語

実演で、つまりナマで聴くのがいちばんだ、とは言うものの、地方在住者にはその機会がひじょうに少ない。また数百人以上収容する現代のホールで動きの少ない座芸を聴いても、どこまで味わいを楽しめるものか、少し疑問に思う。

落語は百人か二百人の客を相手に地声で聴かせる、むかしの寄席で成立してきた芸能だ。しかし、いまの時代にそんな小さなスペースではプロの仕事は経済的にもまかない切れない。それは落語だけの事情ではないだろう。

メディアに乗ればナマの実体からは遠くなる。それもまた落語に限ったことではないが、そこに、むかしの人が得られなかった楽しみを見つけることもまた知恵なのではなかろうか。趣味娯楽の世界に限らず、復古主義や原理主義一辺倒は新たな幸福を掴みそこねる。

落語の速記本は明治の初めからあった。とかくマニアや研究者用のものと思われがちだが、読者が自分のペースとリズムで噺を楽しみ、芸をしのぶことができるし、想像をたくましくすれば会話体の小説を読むような楽しみさえ得られる。

落語はリアルな演技をするわけではなく、衣裳もメイクも背景も特別な照明もないのだから、お客様に人物や状況を想像していただくのが基本ですと、桂文珍、立川志の輔をはじめ現代の多くの演者が言う。これは落語ばかりでなく「本」というものの最大の魅力でもあるから、落語を最も豊かに、自由勝手に想像させてくれるのは、じつは語りを文字に変換した速記本なのである、と言うことができる。

芝居は見に行くと言い、落語や講談は聴きに行くと言うのがむかしからのごく自然な言い方。聴くだけで楽しむ法はかつてラジオが、いまはCDが、昭和初め以来通算九十年をかけて培ってきた。何といっても演者の声そのものが録音で聴けるのだから、速記のような自由勝手な想像はできないが、適確に実態をつかめるし、速記読者の勝手な想像を吹き飛ばす芸の力を知ることができる。

ただし、CDといっても千差万別だから購入には注意を要する。往年の演者の録音のほとんどはかつてのラジオ録音の転用だ。音は古く、ぼやけている。放送時間に合わせてテープにハサミを入れたと覚しき、大胆にして粗雑なカットもそのままに聴かされる。ラジオでは放送枠に押し込む時間制限がつきものなので、実演でありながら実像でないという往年の「名演」がはびこっている。

マニアのエアチェック音源までCD化されていて、著作隣接権問題もさることながら聴き苦しい音質のCDが少なくない。ホール落語の記録録音も売られているが、初期のものは概して録音状態がひどい。

それでも、これしか声が残っていないとなれば好きな人には価値があるだろう。録音年月日や音源の出所、録音会場などについてのクレジットをよく確かめる必要がある。その記載が怪しいものは、イカサマ商品と断定すべし。

一九七〇年代以降にレコード会社が自分の手で録音したものは、演者の声の像が立体的に浮かんでくる上に、会場の空間のひろがりまで聴きとれるから安心である。注意すべきはライヴ録音か客なしのスタジオ録音か、ぐらいのことだろう。

スタジオ録音は聴いてつまらないとか、芸が死んでいるとか言う人がいるが、それはナマ以外を認めないというだけの幼い言い分だ。多分に慣れが生んだ錯覚ではないか。至芸をじっくり聴き込み、名人とサシで相対するコツを知る人には、録音落語ならではの、耳からの想像の世界が大きくひろがる。聴き手の素養とイマジネーション次第で、スタジオ落語は速記と同じ想像の喜びをより現実的にしてくれる。

落語のビデオ（ＤＶＤ）もだいぶ普及してきた。とくに亡き演者の面影を求める人にとっては、映像は不可欠のメディアである。

ただし、目と耳の両方を使って映像落語と相対していると、すっかり受け身にさせられてしまう。たしかに声と姿と表情を一緒に楽しむ至福の一刻ではあるのだが、ナマの会場にいるのとちがい、こちらの想像力が鈍りがちになる。どれほどの名人芸で花魁《おいらん》を演じていても、眼前の映像は老いたる男性のままだ。

見て、そして聴くのは実演でも同じことなのに、実演のほうがより花魁の想像に遊べるのはなぜだろう。高座と客席の間の距離と空間に秘密があるのではないか。

ビデオの落語は間近でまじまじと見つめないほうがいいらしい。

60——素敵なサゲだと思ったけれど

ちょっと話題を切り換えさせていただく。

落語を聴き始めてまだ日の浅い少年時代、『三軒長屋』のサゲにひどく感心したことがあった。上下通せば一時間クラスの長尺だから滅多に聴ける噺ではないが、そのころはラジオでも上下で放送日を分けたり、二人の演者でリレーにしたりして聴かせてくれたものだった。

三軒一棟の上級長屋。勇《いさ》みの鳶頭《かしら》と剣術の道場が両端を占め、真ん中は妾宅という住民構成で、妾《めかけ》は血気の両隣と肌が合わない。彼女を囲う質屋の伊勢勘《いせかん》は三軒全体の抵当権を握っているから、いずれ両隣は金をやって追い出し、三軒を一軒にして思いどおりに住まうから、少しの間我慢するようにと妾をなだめている。

こんな噺の設定、人間構図はいかにも江戸の縮図で、ことのほかすぐれている。妾の嫌気が頂点に達するまでの両隣の描写もすばらしく魅力的だし、よほどの芸がないとこなせない醍醐味にあふれている。

伊勢勘の意図を知った鳶頭政五郎は道場主・楠運平《くすのきうんぺい》と謀り、それぞれ別個に伊勢勘を訪れて引っ越しの計画を伝える。伊勢勘にとっては渡りに舟だが、二人はともに資金不足。その調達のため花会だ千本試合だとそれぞれに物騒なイベントの強行をほのめかす。

そんなことをされてはかなわない。おびえながらも伊勢勘は算盤《そろばん》をはじく。どうせ店立《たなだ》ての際には居住権買い上げの金は出さなければならない。こちらの都合で立ち退かせるよりも安上がりに片がつく。伊勢勘は転居資金の拠出を申し出る。そのかわり物騒なイベントは止《よ》してもらいたい。武士の楠にはへつらいつつ、職人の政五郎には尊大な姿勢で金を渡す。そんな伊勢勘の人物像はいかにもしたたかな商人《あきんど》で、これを表現し切れる演者はごく少ない。

立ち去ろうとする政五郎に伊勢勘はひと言問う。

「さっき楠先生も引っ越すと言っていたが、おまえはどこに引っ越すんだ」

「へい、あっしが楠先生ンところィ引っ越して、楠先生があっしンところィ引っ越すんです」

二人に五十両ずつ、しめて百両進呈した伊勢勘はまんまと一杯食わされた。『ヴェニスの商人』のシャイロックほどじゃないけど、色深い老商人はどんでん返しをくらう。ざまァみやがれってわけで、大長篇『三軒長屋』は爽快に幕を引く。

だけど考えてみれば、伊勢勘は完璧にしてやられたのだろうか。言葉の上では鮮やかな打《う》っ棄《ちゃ》りが決まったように見えて、このサゲには実体がない。

伊勢勘が問わなければ、翌日にほとんど無意味な引っ越し二件が行われ、結果、三者の構図が裏返しになっただけで、問題は相も変わらずのまま。

第一、そんな謀略で金をせしめるのは詐欺行為に当たる。伊勢勘が訴えれば、奉行所は政五郎と楠に何らかのお咎《とが》めを下すだろう。

おそらく老練な伊勢勘は訴えることをせず、事を荒立てずに完全な権利の取得後、楠と政五郎の双方を断固追い出すだろう。立ち退き料を事前に詐取した両者は何の抵抗もできず、もういちど別の地域に引っ越しするだけ骨折り損になる。伊勢勘をペテンにかけたように見えて、子供だましにもならない腹癒《はらい》せに終わる——。

落語だから、洒落なんだから、そんなことどうでもいいと言われそうだが、この噺はこのサゲの直前まで江戸の市井《しせい》と人の心の機微を実際的に、しかもおもしろおかしく描いてきただけに、サゲがこんな幼いトンチ・ゲームでは聴いたこっちがドンデン返しに遭ったようなものだ。

少年時代には感心したけれど、そして顎の髭が濃くなるころには、この噺がますます好きになったけれど、サゲにはシラけるようになった。おそらく、サゲは原話の小咄から一歩も成長していないのに、噺全体は歴代名手の演者に磨かれて逸品、大作へと変身したという、珍しいケースではないだろうか。

61―いいサゲとは

名作だからサゲもいいとは限らない。ドラマチックな『鰍沢《かじかざわ》』や『鼠穴《ねずみあな》』のサゲが「お材木（題目）で助かった」、「夢は土蔵（五臓）の疲れだ」などの駄洒落次元であるのはご承知のとおり。それでも噺本体が名演であれば、サゲそのものが拙劣でもとくに気にはならない。六代目三遊亭圓生の『鰍沢』と『鼠穴』を聴いて、サゲで落胆した覚えはない。となると、サゲは落語の生命とまで断言すべきかどうか、少し迷ってしまう。

いいサゲを探してみよう。

いいサゲの条件は、まずスッキリと簡潔であること。そのひと言が噺全体を締めくくること。〝サゲのあと〟を考えさせないこと。言葉遊びの域にとどまらないこと。意外性があること。しかし、取ってつけたようではなく、ストーリーの流れに即して無理や不自然がないこと。

すぐにはわからない「考え落ち」を高尚と考える人もあるが、わかりやすいほうがすぐれているのは言うまでもない。

『厩火事《うまやかじ》』の「おまえに怪我をされたら、あしたから遊んでて酒が飲めない」は、少し長めで説明的だが、その条件にぴったりだ。この夫婦のすべてがここに集約されている。なるほどこれでは痴話喧嘩も絶えず、離婚にもならない。「髪結いの亭主」の真髄ここにありだが、ごく自然に吐露されるから、ヒモのような亭主への嫌悪感を生むことなく笑いを生む。きっと明日からも同じ日々だろう……、と思わせる余韻もある。

『淀五郎《よどごろう》』も心憎い。芝居のせりふ「待ち兼ねた」がそのまま主人公の心情を表し、事態の全面解決を告げる。噺そのものが人情噺だから、このすぐれたサゲも笑いは穏やかにしか生まないが、聴き手はホッとするし、あとに何の不足も残さない。

噺の結末が見えてきたところで何気ない、自然なひと言でスッキリと全篇が落ち着くところへ落ちる例は、『明烏《あけがらす》』、『愛宕山《あたごやま》』、『うどんや』、『蔵前駕籠《くらまえかご》』、『芝浜』、『二番煎《せん》じ』、『文違《ふみちが》い』などだろう。

ネタ自体に作為性が高くてもサゲが自然なら気持ちがいい。『御血脈《おけちみゃく》』、『巌流島《がんりゅうじま》』、『紀州』、『酢豆腐』、『千両みかん』、『粗忽長屋』、『高田馬場《たかだのばば》』、『試し酒』、『胴乱幸助《どうらんのこうすけ》』、『天狗裁き』、『目黒のさんま』、『茶の湯』などはいいサゲと言える。

『普段の袴《はかま》』は地口《じぐち》、つまり、ほとんど駄洒落のようなサゲだが、「ふだんの頭」という語感におもしろみがあるので悪くない、いや、簡素でなかなかいいサゲだ。

頓智、言葉ゲーム型のサゲは、それがシャープであれば印象に残るが、噺の本体から遊離していたり、人間不在であれば、サゲとして二流以上には出なかろう。

そのあたりがおそらく落語とコントとの別れ道である。洒落、小咄の段階では落語とコントは世界を共有しているが、落語は長く複雑なストーリーを育て、〝らしさ〟にかけた演技を探求して、コント的なるもの——おもしろさ、おかしさをスポーティーに、瞬発力で表そうとする方向性とは異なる深山幽谷へと分け入る道を選んだのだ。

62—『死神』に見るサゲの探求と変貌

三遊亭圓朝作の『死神』は特異な噺だが、サゲも特殊である。

ふつうの人間には見えない死神の姿が見える能力を授かった男は病人の生死を見分けることが可能になって、奇跡の名医とあがめられる。たちまち貧乏世帯から脱して富を得たが、慢心から不行跡に走って運勢が変わり、救いようのない病人にしかありつけない。窮余の策で死神を裏切るタブーを犯した彼は、一気に死線に立たされる。

まさに尽きんとする自分の生命の蝋燭《ろうそく》火を彼は新たな蝋燭に移そうとするが、手がふるえて思うにまかせない。冷然と眺める死神のひと言ひと言に彼はあせり、おびえ、ついに蝋燭の火は消えて彼は――演者は、ばったりと前に倒れる。倒れてそれがサゲになる。「消えた……」と言いながら前へ倒れるから純粋な「見立て落ち」（言葉でなく動きでつけるサゲ）ではないが、主人公の横死を告げて全篇を断ち切るのは、前へ倒れる〝しぐさ〟、いや〝動き〟である。言葉がサゲの決定権を持たない希有の例だろう。

六代目三遊亭圓生はこのオリジナルの型を踏襲した戦後唯一の大看板だったが、ある時期、「消えた」ではおかしい、消えると同時に生命を失うのだから口をきけるはずがない、という妙な助言を受けて「消える」に変えて前へ倒れていた。なるほどそのほうが理屈に合うが、死神が実在して人間と交渉する噺自体がすでに合理性を超越しているのだし、「消える」では言葉の切れが悪い。

圓生はさらに考えた結果、また「消えた」に戻した。ただし、主人公が言うのではない。冷たく傍観している死神にそれを言わせ、続いて主人公が無言のまま前へ倒れるという演出になった。六十歳ごろの速記「圓生全集」（青蛙房）は「消える」、七十歳台の録音「圓生百席」（ソニー）では死神が「消えた」と言って終わっている。

柳家小三治の『死神』は、主人公が蝋燭の火の移植に成功し、その光を頼りに現世へ脱出してくる。ほっと気が緩んだものか、すでに風邪気味だった彼はそこで大きなくしゃみを放って火を消してしまい、前へ倒れる。くしゃみには意表をつくインパクトがあるため、やがて前へ倒れなくてもサゲがつくようになった。

立川志の輔も生還型で、主人公は闇の世界からまぶしい太陽の下へと出てくる。追ってきた死神に「こんなに明るいのにもったいない」と言われて、思わず蝋燭の火を吹き消してしまう。

このほか、火が消えて主人公が死ぬ結末は同じでも、この噺には近年、各人各様と言いたくなるほどの多くのサゲがある。

この噺のオリジンは遠く中世ヨーロッパに求められるという。この特異な題材と寓話性が、演者の創意をそそるのだろう。また不気味で少しわかりにくい圓朝版のサゲをもっと落語的な明るいものにしたいと思うのだろう。

改良であるかどうかの議論は別にして、圓生のたどった軌跡はサゲの工夫と探求である。名にし負う〝古典派〟の巨匠でさえサゲを変えることをいとわなかった。

小三治、志の輔などのケースでは、火が消えて主人公が死ぬことに変わりはないのだが、いったん火の移植に成功するのだから、ことはサゲだけにとどまらない。むしろ噺の〝小改作〟だろう。

生還型は近年の所産ではない。作者圓朝の直弟子で初代といわれる三遊亭圓遊《えんゆう》（一八五〇～一九〇七）が、すでに明治なかばに『誉《ほま》れのたいこ』という大改作を試みている。主人公が幇間で、自分の延命どころかパトロンの旦那衆の蝋燭まで片っ端《ぱし》から延命させ、めでたく娑婆《しゃば》へ凱旋する。

この型は、戦後も題名を『死神』に戻して三代目三遊亭金馬、五代目古今亭今輔《いますけ》（一八九八～一九七六）などがやっていた。

名作『死神』は、噺もサゲも、いまなお流動的である。

それにしても、なぜ圓朝はこれほど余白のある、後世いまだに確定し切れないサゲを残したのか。

推測だが、禅に傾倒する人生をたどった圓朝の理想の「死神」の結末は、「消える」とも「消えた」とも言わず、むろん、明るいところへ戻ることも、くしゃみを放つこともないまま、恐怖心に負けて生命の火を移すことに失敗し、黙って、無言で前へ倒れ、主人公の死を表すことではなかったろうか。

それではわかりにくいとか、後輩演者に伝えにくい、速記録に表しにくい、などの事情で補足のように「消えた」が添えられてきたのでは——。

誰か、全くのサイレントで、前へ倒れて無言のサゲをつける強者《つわもの》はいないものか。映像の時代にふさわしいサゲになるのではないだろうか。

63——よくないサゲは淘汰される

上方落語で『宿《やど》替え』、東京では『粗忽の釘』と言われる噺には幅広い人気がある。

転居してきた主人公が長屋の薄い壁に八寸もある超長大の釘を打ち込んでしまい、さあ隣家のどこに突き抜けたことか、の騒動劇。ものの本にはよく、別名を『我忘《われ》れ』という噺だと記されている。

いまほとんどの演者は「あしたから、ここへ箒《ほうき》を掛けにこなければいけない」でサゲている。つまり、箒掛けのために柱に打つべき釘をとんでもない大物にした上に、壁に打ち込んでしまったので、その先端が隣家の仏壇を直撃、ご本尊の阿弥陀《あみだ》様の喉笛を貫いて突き出ていた、というわけ。

こんな大失態をしでかす主人公は、上方では極度に自己中症の男、東京では重度の粗忽者に造形されている。彼はことの発端「箒掛け」からまるでアタマが切り換わらなかった。仏壇の中に箒を掛けにこられてたまるか、という隣家の主人の反応はこの際不要である。それが落語のサゲというもの。それがわからず「この噺、終わったの?」などと問う聴き手は容赦なく切り捨てて高座を下りなければ落語にならない。

ついでながら、阿弥陀の喉ではなく、股間から釘が出ているとやる下品な演者もあるが、あさましい笑い稼ぎは厳に慎むべし。聴き手も、この種の演者にはブーイングで応えるべきである。だいたい箒掛けの釘ならば仏壇のかなり上部と平行でなければおかしい。

さて、むかしはこのあとにもう一《ひと》くさりがあった。隣家の主人もこの男には呆れ返る。二、三のやりとりのあと、主人公は、引っ越し騒ぎを避けて旧宅の隣家に預けておいた寝たきりの老父を置き忘れてきたのを思い出す。お父っつァんまで忘れるのか、の問いに「酒に酔えばわれを忘れる」と答えて全篇のサゲになる。ゆえに『我忘れ』の別題ありという次第。

いまでもここまでやる人がいないわけではない。私も少年時代にこのサゲを聴いた記憶がある。なるほど、言葉の辻褄《つじつま》はこのほうが合っていて、うわべ、いかにもサゲらしい。

だが、「われを忘れる」という成語はどちらかといえば精神的、心理的理由による忘我であって、酒による酩酊とは少しなじまない。まして、もの忘れの病状とは別種だから、これではたんなる〝言葉合わせのサゲ〟にしかすぎない。

それに、いくら主人公がまともでなくても、まともな女房がいることが噺の大前提になっているのだし、その女房のほうが主人公より時間的にあとで旧宅を引き払っているのだから、このサゲでは舅《しゅうと》が悪意の遺棄を受けたことになりかねない。

上方版の自己中症男にせよ東京版の粗忽者にせよ、その頓狂ぶりの描写は現行のサゲあたりまでで充分だ。。「我忘れ」までやると言葉合わせのための延長戦になってしまって、噺のエネルギーは失速過程に入る。

現行のサゲだって、もののはずみのようにうまく決まりはするものの、おかしいと言えば少しおかしい。箒を掛ける部位は釘の頭の、打ち込まずに残す部分であって、隣家の仏壇内に突き出た先端部分であるわけがないのだから。

そこまでわけがわからなくなるのがこの噺の主人公らしいところだと察して、とりあえずその線で納得し、笑ってお開きにするのが、落語のサゲというものなのだろう。

もはや〝我忘れ〟が忘れられている。演者と聴き手が自ずと選ぶ改良の道だ。

64—サゲがあっても人情噺

落語にはその名称のとおりオチ＝サゲがあるが、同じ落語家の演目なのに人情噺にはサゲがないというのが、ごく一般的な原則だ。人の心と世間をリアルタッチで描くのが身上の人情噺なのだから、諧謔のエッセンスであるサゲは、結末としてふさわしくないということなのだろうか。

が、実際は必ずしもその原則は万能ではない。粛々と人情噺を語り進めた末に絶妙なサゲで聴き手の肩の力を一気に抜く。これもまた、ぞくぞくさせられる話芸の魅惑なのだ。落語はこうこう、人情噺はかくかく……と決め込んでは、芸の世界は泳げない。『芝浜』や『淀五郎』は一席ものの名作人情噺に数えられるが、絶妙なサゲがあるから落しばなし——落語としても逸品なのである。

人情噺には、拙いサゲならないほうがいい、というのは常識だろう。「……の由来の一席でございました」と、講談同様に締めくくって聴き手が納得すればそれでいいからだ。もっとも、本来は人情噺とされている『お若伊之助』のように、人間の娘が狸の子をみごもるという、名演をもってしても納得しがたい結末もあるから一概には言えない。ただし、『お若伊之助』は骨格は人情噺であっても、ずいぶん滑稽なところが多いから、名演ならば聴き手は充分に堪能することができる。

そういう個別の例はいくらでもあるので、これは落語だ、あれは人情噺だと厳格に分類するのはむなしいことだ。演者の芸質と演じ方によっては、カテゴリーなんか簡単に流動してしまう。

しかし、堅く守ってほしいと願うことがある。『文七元結《ぶんしちもっとい》』のような、堂々と演者の結末宣言で終了すべき人情噺の大作にはこざかしいサゲをつけないでほしい。

65——落語の種目とその分類

サゲの場合と同様に噺の分類には深入りしたくないのだが、サゲと人情噺について少々触れた流れに乗って、いくつかの種類の「噺」についてひととおり述べておきたい。もちろん、分類に手を染めるつもりはない。すでに識者が分類済みの、二、三の噺のジャンルについての私見放出にすぎないものだ。

先にも述べたように、これまでの分類の基準は一様ではなく、それによって分類された結果が雑然と混在しているのが実情だ。それにしても「○○噺」というカテゴリーがすでに確立しているものはそれを認めるにやぶさかではないし、そこにはそれなりの一定の効用はあると思う。

一九八五（昭和六十）年に録音を兼ねた柳家小三治独演会を下北沢の本多劇場でやったことがある。まだ鈴本演芸場での長期独演会シリーズを始める前のことで、小三治本人は〝企画性や必然性のない独演会はどうもね〟と渋っていた。

まず、前年の秋に同じ劇場で『子別れ』の全篇通し口演をやった。さてその次の独演会のテーマは、といろいろ案を出し合ったが、結局「前座噺、二ツ目噺、真打噺」の三席口演という、いささか苦しまぎれの企画に落ち着いた。といっても、三席それぞれのまくらに――「ま・く・ら」開発はるか以前の、まだそれほど長くはなかったまくらに、前座時代の、二ツ目のころの、そして真打昇進の思い出を語るという趣向はあった。

「前座噺ってのは、これはありますね。そういうジャンルみたいなものが出来上がっている、と言ってもいいでしょう。真打噺ってのは……あんまり言いませんけど、まァ、あるって言えばありますねえ。真打になる前にやってはいけない、なんてほどうるさいわけじゃありませんが、真打になってから、それも相当な年季を積んでからやるべき噺だと……言われているような噺ってのはいくつもあります。二ツ目噺……ってのはねえ、そんなもの、あるんでしょうかねえ。あんまり聞きません。まあ、あるって言えばねえ……そりゃ、主に二ツ目クラスがやっている噺。そうだ、自分もあの噺は二ツ目時分によくやってたっけなあ……、そういう噺はたしかにありますがねえ――」

柳家小三治はそんなふうに語り始めたのだった。このときの三種の分類は、一夜の企画のためのいわば言葉の綾のようなものである。これを契機に「二ツ目噺」の概念を確立しようなどという意図は、もちろん誰にもなかった。「前座噺」は依然として健在の概念だが、「二ツ目噺」、「真打噺」がまともに活字になった例は知らない。

演芸の催し物のプログラムに種目が小さく頭書されることがよくある。落語「○○」、演者は誰々、次はマジック、ただし無題で演者は誰それ、と続く。落語家の種目はだいたい「落語」だ。演者の亭号が柳家だ三遊亭だと書かれていても、ごく一般的な客の中にはそれが落語家であって、演じる芸が落語であるということを察知できない人もあるだろうから、一見は無用と思われる頭書「落語」にもそれなりの役割はある。

演者が前座だからといって、そこに「前座噺」と記載された例があったらお目にかかりたい。大看板、老練の演者がたまに前座噺に属す噺をやることがあるが、その際の頭書に「前座噺」と記した例があったら、もっとお目にかかってみたい。種目の分類など、その程度のことだ。

『真景累ヶ淵』や『牡丹灯籠』の一部が演じられるときに「人情噺」、「怪談噺」と頭書されることはときどきある。それだけ種目として確立しているのだろう。彦六になった八代目林家正蔵から門人の林家正雀《しょうじゃく》に受け継がれた「道具芝居噺」、「正本《しょうほん》芝居噺」は、はっきりそう銘打たれることが多い。

だが、サゲのある一席もの人情噺、『芝浜』や『淀五郎』もたいがいサラリと「落語」ですまされているし、また「人情噺を聴く会」のような企画にこの二席が素直に加盟していることも珍しくはない。

人情噺と言われる噺も諧謔味をふんだんに盛り込めば、その当否は別として「落語」と言いたくなるし、角度の取り方によっては落語が人情味を帯びてホロッとさせることもある。演者次第という要素は多分にあると言えよう。

落語に限ったことではないが、種目やジャンル、そのための分類はあくまでも目安や便宜の材料である。そこからものを考えてはいけない。まして、そこから何かを感じ、楽しんだりしては、あまり健全ではないと思う。分類、ジャンル分けは常にあとからくるものであって、初めにありき、ではないと思う。

66―前座噺

もっぱら前座がやる噺を「前座噺」と言う。真打が、または真打を目指す者がやるべき〝真打噺〟の概念もあるにはあって、そういう噺を若手が無鉄砲にやればたしなめられるのが本来だが、「真打噺」は「前座噺」ほどジャンルとして、また名称も確立していない。「二ツ目噺」というのは、ないといってもいいくらい。

落語家のしゃべり方の第一歩は、まずはっきりと隅々まで聴こえるように、そして最小限の人物の仕分けがつけられることだ。だから前座噺は、登場人物が少なく、単純明快な短篇がほとんどである。また、いわゆる「オウム返し」——つまり成功と失敗、あるいは手本と失態のようなパターンの繰り返しで構成されている噺や、口ならしのための言い立てがある噺が多い。『寿限無《じゅげむ》』、『たらちね』、『牛ほめ』、『子ほめ』、『鮑《あわび》のし』、『転失気《てんしき》』、『しの字ぎらい』、『十徳《じっとく》』、『山号寺号《さんごうじごう》』、『元犬《もといぬ》』などが代表的な前座噺である。

前座が早い出番でやってしまうので、自然、ベテランがこういう噺をやる機会が少なくなる。落語のおもしろさの基本がしっかり整っている噺ばかりだから、一流演者の手にかかると見違えるほどの逸品になるものだ。

むかしのラジオの功績のひとつは、三代目三遊亭金馬や八代目春風亭柳枝《りゅうし》（一九〇五〜一九五九）などが、短い番組で前座噺の魅力をたっぷり全国に流してくれたことだった。

67——地噺とは

登場人物のやりとりで噺を進めるよりも演者自身がリポーターのようにストーリーを展開していく噺を「地噺」と言う。せりふではなく地の語りが主体というわけだ。漫談に接近するが、ストーリー性がずっと高く、サゲも明快についている。漫談は世相身辺の雑談が主で物語性に乏しい。
『紀州』、『源平盛衰記（扇の的）』、『西行《さいぎょう》』、『大師《だいし》の杵《きね》』、『袈裟御前《けさごぜん》』、『高尾』、『テレスコ』、『御血脈《おけちみゃく》』などが代表的である。

地噺は軽快、流麗な語り口だと映える。ただし、それだけでは次第に飽きられてしまうから、随所に入るせりふがしっかりしていないと軽薄なトーキングマシーンの高座に終わってしまう。

流麗にしゃべる人だったのに三代目古今亭志ん朝は一切、地噺をやらなかった。六代目三遊亭圓生は若いころ地噺が苦手だったが、中年以降、いくつかの地噺を十八番にした。若いうちに地噺のうまい者は大成しない、とよく言っていた。

それはいささか極論だろうが、つまり口だけ達者でも限界があって、人間表現が平板では大ネタはこなせないということなのだろう。いかに鮮やかにしゃべってもマシーンは聴き手を心から笑わせることはあるまい。たしかに地噺の究極の魅力は、言葉の流れよりも、そこから発散する演者固有のペーソスにあるようだ。

68—音曲と音曲噺

寄席色物芸の種目に「音曲」がある。「音曲噺」という落語のジャンルもある。この二つは重なる面もあるが、イコールの局面は大きくはない。

近年の「音曲」のごく一般的な姿は、高座で三味線をひき歌うものだ。合いの手にトークもする。曲はいわゆる端唄《はうた》、俗曲、都々逸《どどいつ》の類。近年、演者は女性が多いが、かつては男の大物もいた。

「音曲噺」は噺の中に音曲を採り入れた落語で、これはいまは落語家の演目になっていて音曲色物演者が、この種の噺をやることはなくなった。知られた噺では『汲みたて』『浮かれの屑より(紙屑屋)』『後家殺し』『浮世風呂』などがある。『包丁』も出身は音曲噺だった。むかしは「音曲」は元来が「音楽」と同義語。「歌舞音曲」という古い四文字熟語があるように、「音曲」のほうが幅をきかせていたようだが、西洋音楽の浸透とともに「音楽」が台頭して、おそらく昭和以降、音曲は日本の伝統音楽を表す言葉となり、さらに戦後は寄席色物の狭い音曲エリアを指す言葉になったようだ。

昭和なかばまでは、客席やラジオ放送で「音曲吹きよせ」というジャンル表記がよくされていたが、よりわかりやすい「都々逸漫談」「三味線漫談」「粋曲」などに取って替わられ、「音曲」がいささか抽象的概念のようになっている。

このジャンルにその名を残す大物はといえば、明治大正期に寄席芸人のトップスター格となって「女大名」とうたわれた女流・初代立花家橘之助と、新内流しのスタイルで昭和前半に一世風靡した初代柳家三亀松《みきまつ》(一九〇一〜一九六八)だろう。

新内流しのスタイルで、ということは、つまり立ち芸だったということで、座芸だった橘之助との時代の相違を感じさせる。橘之助の看板は「浮世節」、三亀松は「都々逸漫談」だった。「音曲」ジャンルは名称もスタイルも近年まで流動的だった。

抽象的概念とはなっても「音曲」の演者はいまも何人かいて活躍中だが、「音曲師」は絶えた。いや、柳家小菊や、二代目橘之助になるという三遊亭小圓歌は音曲師でしょ、と言われそうだが、かつて実在した「音曲師」というものは、音曲噺専門の落語家だった。

自分で三味線をひくことはなく、下座の演奏で歌入りの、ストーリーのある噺を演じた。ふつう一般の落語、つまり素噺《すばなし》は原則としてやらない。逆に、素噺のはなし家は音曲噺には手を出さない。

芝居噺や怪談噺、むろん人情噺はふつうのはなし家がやるものだから、「怪談師」のような言われ方がない。なぜ音曲噺にのみ音曲師というスペシャリストがいたのかはわからない。芝居噺や怪談噺は人情噺同様に落語家の芸域の内部で、あるいは延長上でこなし切れるが、音曲、つまり音楽は少しばかり別個の世界だからだろう。

音曲師と音曲噺が半独立国的な存在を保っていた時代でも、音曲師はふつうの落語家にくらべて常に比較少数派、それも大差をつけられての少数芸人だったものと思われる。かの三遊亭圓朝の実父・初代橘屋圓太郎《えんたろう》（?〜一八七〇）はなかなかの音曲師だったが、彼が活躍した時代には、すでに音曲師は衰退の軌道に乗っていたのではないか。

江戸の寄席で三味線をひき歌い、社会風刺の歌でスーパースターとなった都々逸節の元祖・初代都々一坊扇歌は、すでに音曲家ではあっても音曲師ではなかった。その点は橘之助も三亀松も同様と言っていいだろう。

いまも音曲家はいるが音曲師はもういない。音曲師の財産だった音曲噺はストーリーのよく整った噺のみが残っていて、いまもなお演じられている。

もう高座で三味線をひかず、落語家と同格のたたずまいで俗曲や都々逸を聴かせる演者もいなくなった。昭和戦後しばらくのころまで、そんな音曲師の風情を宿す音曲家がいた。柳家小半治《こはんじ》（一八九八～一九五九）と春風亭枝雀《しじゃく》（一八九九～一九八一）の二人がなつかしい。

69―芝居噺について

歌舞伎が永らく好況のためか、昭和の末あたりから芝居の要素を取り入れた噺がよく高座にかかっている。東京で競って演じられている『七段目』などは、戦後二十年ほどまではあまりやられなかった噺だ。

ほんのひとサワリ、芝居調になる噺はたくさんあって、歌舞伎と落語がむかしから近縁だったことをうかがわせるが、その程度では『芝居噺』とは呼ばれない。

江戸東京の正本芝居噺とは、人情噺の一席の切れ場が芝居がかりになるものだ。簡単な書き割りや道具を背景に三味線や鳴り物が入って演者は当然、その場の何役かを一人でこなし、せりふとしぐさを行い、見得を決めて一席を終わる。ふつうの素噺より大きな動きが許される。

「一人芝居」というのはごく新しいジャンルだが、その遠い先祖と言ってもいいかもしれない。戦後は彦六になった八代目林家正蔵の専売だった。使っていた道具類は、圓朝門下の三遊亭一朝《いっちょう》（一八四七〜一九三〇）から引き継いだ時代物である。それは林家正雀に継承されている。

背景や道具を使わなくても芝居噺はできないわけではない。六代目三遊亭圓生は『双蝶々』を照明と下座で試みたことがあった。

幕末の芝居噺には、寄席で手軽に、安価に芝居的なものを楽しもうという庶民の願いが背景にある。芝居まがいをするべからずとたびたび禁じられたことで、落語は一段と素噺の方向へ磨かれたのだが、正本芝居噺が細いながらもたしかに今日に残っているのはすばらしい。

歌舞伎ブームにあやかって芝居ゆかりの噺をしきりにやるのは結構だが、七五調のせりふで安直に喝采を受けてしまう危険がある。ふつうの人物の会話よりも音曲や芝居ぜりふに逃げたほうが、とりあえず芸らしい体裁が整うからだ。若手が楽にウケるために七五調や都々逸に頼るのはいい傾向ではない。まして黄色い声を上げる声色噺に落ちる者は、素噺での成功は覚束無《おぼつかな》いだろう。

落語と歌舞伎は江戸期に生まれ、併行するように発展成熟してきた、いわば同期の桜で、明治の近代化、欧米化による荒廃を乗り切ったという点も共通の履歴を持つ。

題材などにも共通点が多いので、歌舞伎から落語を、また落語から歌舞伎を連想する楽しみもある。近年、落語界には歌舞伎見るべしの気運があって、昭和戦後のいわゆる高度経済成長期のころよりも歌舞伎をよく見る落語家がずっと増えているのは結構なことだと思う。

だが漫然と見ているだけでは、とりあえず「和」のモードにひたってよしとしている、並の歌舞伎ファンと少しも変わらず、あまり「芸の肥やし」になるとは思えない。落語と歌舞伎の共通点は多いが、逆の、水と油の要素も強いから、そのあたりを心しておかないと、高額な歌舞伎の入場料が無駄になる。芝居噺を志す落語家なら話は別だけど。

豪華に、大仰に表現する方向の歌舞伎と日常的で簡素な表現が身上の落語とは行きつくところが別世界。落語家が見得を切ったりしては、臭い芸だと軽蔑される。

70——上方落語とはめもの

上方落語では、ことさら音曲噺だの芝居噺だのとは言わない。そう分類される噺はもちろんあるのだが、上方では、東京で素噺として演じられるふつうの噺にも、ごく自然に、まるで「劇伴《げきばん》」のような効果音楽——「はめもの」と呼ばれる下座合方が入るからだ。ことさら芝居がからずとも、まずはどんな噺にもと言っていいほど芝居同様に三味線や鳴り物があしらわれる。純粋な素噺のほうが、ずっと少ない。

その数少ない〝素噺〟に演者が趣味で「はめもの」を入れてもとくに議論も生じないだろう。噺が楽しく気持ちよく聴ければそれでいいじゃないか、という考えであろう。

ごくありきたりな例をあげれば、旅の噺で「その道中の陽気なこと」のひと言をきっかけにお囃子が入って情景描写の補助をするといった具合である。

そんなBGM風の「はめもの」もあれば、五代目桂文枝《ぶんし》（一九三〇〜二〇〇五）の十八番『辻占茶屋《つじうらぢゃや》』のように人物の言葉と「はめもの」の唄の文句とがやりとりをする高度な演出法まであって、上方落語には日常的に芝居噺の素地があると言っていい。

上方の噺にはたいてい三味線や唄が入るという正岡容《まさおかいるる》の報告に芥川龍之介が眉をひそめたという話が伝わっているが、情感や情景を舌三寸のみで表現しようと意地を張る江戸東京と、手助けになるものは何でも採り入れる上方との落語風土の相違は、とても大きい。

戦後すぐのころに絶滅を心配された上方落語が、六代目笑福亭松鶴《しょうふくていしょかく》（一九一八〜一九八六）、三代目桂米朝《べいちょう》（一九二五〜二〇一五）、五代目桂文枝、三代目桂春團治《はるだんじ》（一九三〇〜二〇一六）の「四天王」を中心に見事に復興したのはご承知のとおりだが、さて落語家の人数は増えたものの「はめもの」の人材が高齢化したため先行きが危ぶまれる、と言われた時期もあった。八〇年代初めに私が桂文枝（当時小文枝）の録音をした時分はその頂点だった。

だがその後、「はめもの」の要員は増え、当然ながら若返った。この様子なら当分安泰だろうが、上方落語の全国普及にともなってみんな引っ張り凧の状態らしい。「はめもの」はやはり、上方落語の特色であり、かけがえのない味わいでもある。これぱかりはナマに限るのであって、録音をBGMよろしく流しても「はめもの」にはならない。

71——余興の踊り

彦六の名で世を去った八代目林家正蔵は戦後の東京落語界に重きをなし、異彩を放った人だ。軽く、おもしろくという、一般の人々がまず落語に抱きたがるイメージとはおよそ対極の世界を築いたから大衆的な人気はなかったが、微動だにしない語り口と噺の運びのたしかさには唸らせられた。

若いころは〝巡査のはなし家〟と陰口をきかれたこともあったという。ものごとの筋を通す一徹な性格ゆえでもあったろうが、楷書でカッチリとした口調が、その時代の〝オイコラ〟型警察官を想わせたらしい。一般的な人気を得にくい素質ではあったろう。

戦後の六十歳台の高座にもその面影は残っていたが、それほど堅苦しい芸とは思えなかった。堅いにはちがいないが、そこに得もいわれぬペーソスのようなものが漂っていて、なにをやっても〝正蔵風〟、〝林家風〟の世界に熟成していたと思う。

聞くところによれば、筋を通す人柄も多分に表向きのところがあって、じつは政治的な駆せてくれた。

けぎにもたけた一面があったという。怒りっぽくて "トンガリ" のあだ名そのままであっては、大看板の地位を築けるものではない。

ゆるぎない楷書に味わいが加わった六十歳台が芸の絶頂だったろう。七十少し過ぎから発声が小刻みに揺れるようになった。老化のためだろうが、そのころになってむしろ人気の幅が少しひろがったのは皮肉である。味だのペーソスだのと簡単に言うが、たいがいの聴き手は少し崩れかかった建物でないと希少価値に気づかないらしい。患ったあとの五代目志ん生にも似たような現象が起きたものだ。それは翻《ひるがえ》って、若手や壮年の芸でも〝臭い〟タイプのほうが認められやすいという事態を生んでいる。

いまでも彦六正蔵の最晩年の震え調子を真似て笑いをとる落語家があるが、全盛期の高座の面影を偲ばせてくれる後輩がいないのには考えさせられる。

元気だったころの正蔵は寄席で一席のあとによく踊りをやった。「さァ行こう」とお囃子に威勢よく声をかけて俗曲の「深川節」を踊った姿が忘れられない。最晩年の「ステテコ踊り」とはちがって、語り口同様に生真面目な踊りだった。昭和三十年代前半の落語協会で、いちばん気さくに高座踊りをやったのは正蔵と八代目春風亭柳枝ではなかったろうか。

あの頑固な芸風の彦六正蔵が、寄席でよく踊ったと聞いても、イメージがわかないと言う人が多いだろう。むかしのはなし家は噺のあとのデザートのように、無造作に踊って楽しませてくれた。

戦前から東京に定住して上方落語で人気があった初代桂小文治の場合は、踊らなければお客が承知しなかった。失礼ながら、噺より踊りのほうが待望されたくらいだったのは、まだ東京人が上方弁をよく理解できない時代だったからだろう。軽妙洒脱な、はなし家ならではの踊りだった。

一時、踊りの師匠に転向しようかと悩んだこともある六代目三遊亭圓生や、実際に転向した期間がある、あの『芝浜』の三代目桂三木助の踊りは本寸法のものだった。まず踊らない大看板は八代目桂文楽、五代目古今亭志ん生、三代目三遊亭金馬あたりだったろうか。

その後、一席のあと高座着のままで一人踊りをやるはなし家は少なくなった。八代目雷門助六、十代目金原亭馬生亡きあと、「はなし家踊り」と言えるほどのものは、九代目助六と三遊亭圓弥《えんや》（一九三六〜二〇〇六）くらいのものだろうか。圓弥の「芸者の一日」は馬生ゆずりだと聞いたが、ちょっとストーリーがあって楽しめた。

八代目助六を中心にしたはなし家の群舞ショー「住吉踊り」は古今亭志ん朝が加わったことで東京の寄席名物になり、初めは東宝名人会で、のちに浅草演芸ホール八月中席の大喜利のイベントになって、いつも大いににぎわった。それが志ん朝の最後のつとめになったのはご承知のとおり。この興行のヒットがきっかけになって多くの落語家が踊りを稽古するようになったのは好ましい副産物だった。

72—大喜利と鹿芝居

踊りばかりでなく、何か特殊なイベントをやって夏枯れの時期などに観客動員をはかるのは芸能の常だが、それがあまりに横行すると本筋の落語が相対的に淋しく見えかねない。関係者が留意すべきことだと思う。

すっかり一般語化した「大喜利《おおぎり》」は、「大切」を縁起よく表記したものだ。公演のフィナーレを飾る特別ショーというわけである。

むかしの寄席でも「都々逸角力《どどいつずもう》」などという番外の遊びがあった。客席から題をもらって即席で都々逸を作詞し、高座に並んだ出演者がその優劣を競うのである。

幕末・明治のころに、客からもらった三つの題で噺を作って、すぐに演じる「三題噺」という趣向があった。これは余興と言うよりも本筋の仕事で、『芝浜』、『鰍沢』などの名作もそこから生まれたと言われている。その趣向をもっと軽く、カジュアルに余興化したのが「都々逸角力」のようなものだ。

私が子どものころ、誰が作った都々逸か記憶にはないが、〽玉の輿《こし》、乗ったようだがパチンコ屋の娘、出るの出ないのと揉めている、というのがあって、うまいものだなあと感心したことがあった。落語芸術協会、当時の日本芸術協会の芝居（公演）で、六代目春風亭柳橋が行司役をやっていた。

テレビの人気番組「笑点」が大喜利という言葉をはやらせた。演芸が最低十種目ほど演じられたあとの「切り」が「大喜利」であるべきなのに、この番組は大喜利が主体である。

この番組が全国の茶の間にレギュラー落語家の顔を売り、知名度の高い高齢アイドルを生んだ功績は大きい。もしこの番組がなかったならば、落語界はもっと不景気な芸能産業になっていたことだろう。

だが、この番組のおかげで落語が好きになった、噺や芸に目覚めたという視聴者がいたとしたら、お目にかかってしみじみお話をしてみたい。文楽、志ん生、圓生あたりは若いころでも大喜利参加を好まなかったという話には考えさせられる。

そういう名人たちも、晩年まではなし家芝居、略して「鹿芝居」には無邪気に白粉《おしろい》を塗って出演していた。『白浪五人衆』の「浜松屋」や「稲瀬川」、『三人吉三』の「大川端庚申塚《おおかわばたこうしんづか》」、『忠臣蔵』の三段目道行、五段目、七段目、『切られ与三』の「源氏店《げんじだな》」など、ごくおなじみの名場面ばかり。

明治から昭和戦前の「鹿芝居」はなかなか本格的で、一日だけとはいえ歌舞伎劇場の市村座でやった記録もある。また以前は、歌舞伎名作だけでなく、『蒟蒻問答《こんにゃく》』、『茶の湯』、『鰍沢』などの落語や人情噺を劇化して落語家が上演することもあった。

戦後、文藝春秋が「文士劇」を恒例にして、錚々《そうそう》たる作家たちが『忠臣蔵』や菊池寛の『父帰る』などを上演していたことがあった。むかしは芸能人でなくても芝居ごっこや大喜利ごっこを大人が楽しんでいたのだろう。

それが素人芸能を扱った一連の落語、『蔵丁稚《くらでっち》（四段目）』、『七段目』、『蛙《かわず》茶番』、『一分茶番』、『掛取万才』、さらには『寝床』などの素地になっている。

一九六〇（昭和三十五）年に、NHK主催の東京落語会で大掛かりに「鹿芝居」をやったことがある。演目は『仮名手本忠臣蔵』の「三段目・道行」、「五段目・山崎街道二つ玉」、「七段目・祇園一力」。「七段目」は登場人物が多いが、〝役者〟はみんな落語家で、中堅以上総動員の観があった。

「三段目」の道行で勘平をやった六代目春風亭柳橋が、逃げる初代桂小文治の伴内に向かって「勘平」と呼びかける大トチリをしたのを覚えている。トチった当人が笑い出して満場爆笑になった。踊りの名手だけあって小文治の伴内は見事だった。

「五段目」で芝居噺の第一人者、八代目林家正蔵の演じた本格的な勘平に対して、新作派の雄・四代目柳亭痴楽《ちらく》（一九二一〜一九九三）の千崎弥五郎が堂々と渡り合ったのが強く印象に残っている。後年そのことを六代目三遊亭圓生に言うと、「ええ、あの人（痴楽）があんなに歌舞伎風にやれるとは思いませんでした」と感心していた。

その圓生はそのとき「七段目」の大星由良助《ゆらのすけ》で、これは座頭《ざがしら》格の大役である。その風格と演技を菊田一夫に認められて後年に芸術座など、東宝の演劇にたびたび出演する端緒がつき、さらに『おはなはん』、『箱根山』などのテレビドラマへも出ることになったのだ――、と当人は無邪気に信じていた。

このときは、数年前の鉄道事故で足が少し不自由だった三代目三遊亭金馬も、オープニングの一人口上で舞台にお目見得していた。八代目桂文楽は急な病気で休演した。NHK総合テレビがこれを放送したのだからよき時代であり、落語界多士済々の黄金期だったと思う。

文楽に代わっておかるをやったのは、「三段目」では五代目古今亭志ん生、「七段目」では五代目柳家小さん。これは珍品だった。志ん生の腰元姿、小さんの遊女姿、ともにテレビ画面で国民の視線にさらす代物《しろもの》ではない。よき時代のうれしいお遊びか。小さんのおかるの相手をした由良助の圓生は「おかるというよりはね、おさるに近い」と言っていた。

平成に入って若手中堅が「鹿芝居」をよくやるようになったのは結構なことだ。だが、近年の歌舞伎ファンは女性主体で、ムード的、ファッション的な楽しみ方に流れがちだ。名ぜりふを暗誦したり、型のちがいに着目したり、ひそかに自分もサワリをやってみたいと思っていた、いにしえの男の芝居好きとはまるで別物だから、パロディのおもしろさはわからないだろう。「鹿芝居」は一部の落語家の道楽に終わってしまうのではないか。

73—興行の時間帯

「四《よ》ツ刻《どき》に出る幽霊は前座なり」

怪談めいた噺のまくらによく使われる句だ。本物の幽霊は夜中——丑三《うしみ》ツ刻《どき》、つまり午前二時から三時ごろに出ると相場が決まっている。一方、寄席のトリが怪談噺をやる場合に、幽霊の仮装で真っ暗な客席にヌッと現れるのは、前座の役どころになっている。

四ツといえば現在の夜十時・十一時台にあたる。むかしの寄席では、その時分にトリが高座に上がっていたのだ。いま、そんなに公演が長引いたら、かなりの客が帰ってしまうし、苦情のひとつも出かねない。

電気がなく、もちろんテレビもなかった時代はみんな早寝だったと思うのは田舎の話だ。都会はそうではなかった。寄席が至るところにあって、近隣の客が徒歩でぶらりやって来た時代だから、終演まで付き合っても四ツ半（十一時）ごろには家へ帰れたのであった。

戦後十数年のころまでは、寄席の終演はやはり十時近かった。そのころ始まったホール落語会も七人出演が標準だったから、開演が六時であっても九時半までは充分にかかっていた。そのころは芝居の終演《はね》も九時半がふつうだった。お金を払う以上何でもたっぷり、が歓迎された時代であったが、量ばかりでなく質も充実していた時代だったから、いま思えばぜいたくな芸能天国だったと思う。

そのころまでは、寄席は夜席が主体だった。池袋演芸場は休日を除いて夜の部のみだった時期があるし、もっと前の人形町末広も昼席はやっていなかった。

昭和の末以降はむしろ、昼席のほうが入りがいい。労働時間や休日が一律でなくなったからでもあるし、夜は交際や自宅、自室での楽しみに重点が置かれるようになったからだろう。しかし、東京都心のホール落語会で定期的に午後に開催されているのは、まだ一九九九（平成十一）年に始まった有楽町朝日ホールの「朝日名人会」だけである。土曜日の有楽町という条件から昼食、夕食の楽しみとうまくつながっているようだ。

小さなホールで盛んに催される演者個人の会は、たいがい開演が夜七時である。若い主人公が熱演すれば終演は九時半を回りかねない。新世代のはなし家たちなのに都会人の生活タイムの変化に敏感でないのはどういうわけか。せめて全体を三十分前倒しにしたらいい。

いや、みなさんに最初から聴いてほしいし、みんなファンだから遅くなっても付き合ってくれます、という返事が返ってくるのだが、そういう守りの了簡でいると、ますます客席はファンクラブ化してしまう。結局、やがて報いを受けるのは、その演者の将来なのだ。

落語の公演タイムは平日ならば何時ごろか、休日ならばどうなるのか、ぐらいは世論調査などしなくたって感知できるはずだ。こういうことは、少なくとも十年毎に見直すべきではないだろうか。

74―江戸時代の時刻と時間

この際、落語を聴く上で何かの足《た》しになろうから、江戸時代の時間帯について記す。

いまの日付けの変わり目は午前零時だが、ここが九ツにあたる。午前一時は九ツ半、二時が八ツである。つまり二時間単位を「ツ」の数で表し、その間の一時間の経過は「半」で表す。これで四ツ――午前十時まで進んでまた昼の十二時で九ツにかえって半日分――午前の十二時間が終わる。午後零時も九ツだ。あとは同様に午後二時は八ツ、三時は八ツ半。これが「おやつ」の語源になったという。

一ツから三ツまでがないのは、鐘の打ち数が少なすぎるからだろうか。六ツは午前も午後も六時で「明け六ツ」、「暮れ六ツ」という。ただし、いまのように正確な時刻表現ではなく、言葉どおり日の出と日の入りに合わせて六ツの鐘を打ったから、夏と冬とでは、昼と夜のそれぞれの「ツ」の長さが等しくない。

午前零時を子《ね》の刻とし、ほぼ二時間刻みで亥《い》の刻まで、十二支で一日を数える方法もある。「草木も眠る丑三ツ刻」というのは丑の刻、つまり午前二時から四時までを四等分した三つ目の時間帯、ほぼ午前三時半ごろで「八ツ半下がり」に一致する。ここが、本物の幽霊の出番。『時そば』、『時うどん』では第一夜の成功例が九ツ刻、第二夜の失敗例が四ツ刻になっている。いまでいえば夜半十二時ごろの成功例をまねて十時ごろに失敗したわけだ。だから演者はさりげなく、翌晩、小銭を用意するとずいぶん早く外へ出た、と註を述べるのである。

75——江戸時代の金銭と金額

さて、もうひとつ、ものはついで。そばもうどんも十六文が相場だったようだが、その話はあとに回して、江戸時代の金銭について、ごく基本的なことを記しておきたい。

戦後、銭や厘の実用性がなくなり、円オンリーになっても「金銭」という言葉は現役で通用している。十厘が一銭、百銭が一円という十進法型の体系だ。

江戸時代では、「金」と「銭」は別の体系だった。ただし、キンとセンではない。カネとゼニである。両《りょう》、分《ぶ》、朱《しゅ》がカネ、貫《かん》と文《もん》がゼニだった。もうひとつ銀が貨幣代《だっかん》わりに流通した。これは目方、つまる重量が単位で、匁《もんめ》で表す。三つの体系はいずれも兌換性があったが、一国の中なのに、なかなか金銭市場は複雑だった。

柳家小三治の『芝浜』では、亭主が波打際で拾った革財布の中身をぶちまけると、女房が驚いて、「おまえさん、これ、ゼニじゃないよ、カネじゃないか!」と言う。中央に角孔のある円形の銅銭ではなく、額型の二分金か一分銀か、あるいは小判が出てきたことを物語る。そのあとの夫婦の数え方で一両小判ではないこともわかる。

ここが江戸の魚屋夫婦らしい描写なのだが、だいぶ以前には「ゼニじゃない、カネ」をギャグだと早とちりして笑った客が大勢いた。いまもいるかもしれない。どうします？　と小三治に訊いたところ、「誤解されても何でも、あのせりふはやめない」と答えた――。

四朱で一分、四分で一両という、欧米の〝クオーター〟のような四進法システムであるのがおもしろい。十両盗めば首が飛ぶところを九両三分二朱盗んで死罪を免れた、どうしてくりょう――の小咄はいまも語られている。

芝居やTV時代劇では視覚効果のために小判をやたらに使うが、実際の流通は「両」貨より「分」貨で行われるのがふつうだった。五十両の金包みといっても、一両小判五十枚ではなく二分金百枚をひと塊りに整え、和紙で包んで封印をした「切餅《きりもち》」でやりとりをした。五十、百など、キリのいい単位なら、そのほうが数える手間がかからない。「切餅」とは、角型の白紙の金包みを餅にたとえたもの。

ゼニはまるい銅銭だ。真円で中央に四角い穴がある穴あき銭の代表格は「寛永通宝」。裏面上部に「文」の一文字が刻まれているのが一文銭、『雛鍔《ひなつば》』でお屋敷の若様が拾い、お雛様の刀の鍔《つば》に見立てる〝裏に波模様がある〟のは四文銭、『佐々木政談』で、奉行に「与力の心は」と問われて四郎吉が借りる、小判型で大きく重い「天保通宝」は百文銭だ。裏面上部に「當百」と刻まれている。日常生活の買い物などは、たいがい「文」単位でこと足りたようだ。千文で一貫になるが、貫の貨幣はなかった。

「両・分・朱」のカネと、「貫・文」のゼニとの公定の交換率は一両＝四千文（四貫）だった。「むかしは、『四貫《しかん》相場に米八斗』と申しまして、四貫あるてえと米が八斗買えた。いま聞くとハッと驚く」と五代目古今亭志ん生はよく笑わせた。四貫＝一両で八斗の米が安いのか高いのかよくわからないが、志ん生の呼吸で言われると聴き手はわからないままに笑ったものだ。

大判小判も、「額」と呼ばれた分、朱の金貨、銀貨も、また銅製の穴あき銭も――、つまりカネもゼニも鋳造貨幣だが、もうひとつの体系「銀」はちがう。銀の塊りを重さによって貨幣同様に用いたものだ。交換率は一両に対して六十匁である。公定の相場からすれば四貫（四千文）に対しても同様。

銀はあまり落語には登場しない。『大工調べ』で、大工の手間賃を〝日に十匁〟というくらいだろうか。ただしこれは、裁きの場でのすこし吹っ掛けた申告ということになっている。この噺で与太郎が滞納した店賃《たなちん》を単純に一両二分とやる演者もあれば、「一両二分と八百（文）」とカネとゼニの合併値で言う演者とがある。

どちらでもいいことだが、実際の経済生活は、このように異なる体系の併用でなされていた。一両二分と八百のほうが語呂はいい。

一両がどれほどの価値だったか、とよく問われるが、それは江戸時代二百六十有余年の時期によって異なる。落語の舞台となる江戸後期であれば、一両が平成の十万円ぐらいと見る

のが妥当らしい。『紺屋高尾《こうやたかお》』や『幾代餅』での、最上級の吉原遊びは最低でも一夜十五両前

後というから、ひどく高い。

富くじ一枚の値段は一分か二分だった。一分で千両に当たれば四千倍の賞金というわけだ。

かりに一両を十万円とするなら、二万五千円の投資で一億円を獲得するわけ。

そばやうどんの標準価格は、江戸後期の長期にわたって「十六文」だった。「二八そば」

の語源は小麦粉とそば粉の比率にある、いや、二八が十六の洒落だ、とまくらに言われるが、

十六文を一文銭でなく四文銭で払うとなると、時刻を問うトリックは成り立たない。

前述したように、そばの値段は江戸後期に約一世紀の長期にわたって十六文に据え置かれ、

いわば物価の優等生として人気があったが、十六文は「もり」と「かけ」、すなわちプレー

ンの場合の値段であって、種ものにはそのタネの価格と仕込みの手間賃が加算された。「花

まき」「しっぽく（しっぽこ）」は一・五倍の二十四文、「玉子とじ」「てんぷら」となれば二

倍の三十二文が相場だった。

なのに『時そば』ではしっぽくを註文して十六文を請求されている。かけそばでは竹輪の

あるなしの詮索ができなくなって噺の要素が一つ減るが、二十四文となると「銭がこまか」

過ぎて噺が不自然になる。そんなところから価格ダンピングの「しっぽく」が定番化したの

か――と思われる。

だから落語の言い分をそっくり真に受けてはいけない。しかし、芸と虚構が生み出すもの

は時代考証より常に上を行くのではないか。そうした知恵を自然に養ってくれるのが落語の身上なのではあるまいか。

76――寄席太鼓の役割

トリの演者が噺をおえる。すかさず囃子部屋で太鼓が叩かれ、「ありがとーォございました、ありがとーォございましたァ！」と、前座が陰の大声で客に礼を叫ぶ。たいていは複数名の前座や若手が〝合唱〟するから、大いに景気がついてお開きになる。トリも緞帳が降り切るまで高座にとどまって「ありがとうございました、お忘れ物ございませんように」とにこやかに客を見送る。

これはしかし、かつての人形町末広のような畳敷きの寄席にこそふさわしい光景だった。腰を上げるとシートもピョンと跳ねるような椅子席では、座席にまで早く帰れと催促されているようで、名残りを惜しむかのような大合唱とは裏腹に思える。

終演を告げる太鼓を「追い出し」と言っている。歌舞伎、大相撲の「打ち出し」の太鼓と同種だが、打ち方はそれぞれだいぶちがう。

寄席でもホールの落語会でも開場の際には「一番太鼓」を打つ。「一番を入れる」が楽屋の言い方だ。開演三十分前が現行のスタンダード。歌舞伎の「着到《ちゃくとう》」にあたる。着到は元来、座頭役者の楽屋入り、つまり到着を芝居小屋全体に告知する合図の音だった。

寄席でも落語会でも、さらに開演五分前に「二番太鼓」を入れている。歌舞伎ではその機能を狂言作者の打つ「柝《き》」にゆだねている。東京の寄席では芝居噺以外で柝を入れることはないが、上方の寄席囃子では各局面で柝を併用している。噺の中にも「はめもの」と言われる囃子が入るように、上方落語と芝居とのより深い縁がうかがえる。

中入りには「シャギリ」の太鼓を入れる。砂切り、車切り、舎切りなどと当て字がたくさんあり、ひらがな表記でも一向にかまわない。これも歌舞伎の場合と同様である。いまの歌舞伎では「砂切り」で食事休憩になる。

太鼓を入れながら前座が「お中入りーィ！」と声を上げるのが寄席ならではの響きである。歌舞伎ではシャギリにも打ち出しにも人の声は入らない。それだけ様式的に整っている、あるいは権威的に洗練されている、ということだろうか。

はなし家になると太鼓の稽古をしなければ前座がつとまらない。一番太鼓、二番太鼓、中入りのシャギリ、追い出しのほかに、師匠方の出囃子で三味線とアンサンブルをしなければならない。

色物の曲芸は洋楽ポップスの録音をＢＧＭ風に使うことが多くなったが、三味線の「地囃子《ぢばやし》」でやる場合には、やはり太鼓を入れる。太鼓のリズムが悪いと、曲芸の効果ももうひとつということになる。

夏に、トリの師匠が怪談噺を掛ければ、その鳴り物方、つまり効果音係もつとめなければならない。怪談噺というのは荒唐無稽と紙一重の線で成り立つものだから、ちょっと失敗があればぶちこわし、お笑い草になりかねない。

それをおそれる演者は怪談噺に手慣れたチームを編成して備えるのだが、手が足りないときには応援の前座でしのぐ。クライマックスの暗転からは、焼酎火《しょうちゅうび》の陰火《いんか》をともしたり、幽霊役の前座が客席へ出没したり、ふだんやらない作業が山ほどある上に、いろいろな音を鳴らさなければいけない。

遠寺《えんじ》の鐘が「陰《いん》にこもってものすごく」でボォン……と打つのは釣鐘のミニチュアではなく、小型の銅羅《どら》だ。打ち方を誤れば中華風におにぎやかになりかねない。風音《かざおと》、雨音《あまおと》、雪音、川の流れを表す水音《みずおと》、海辺を表す波音《なみおと》、深山幽谷の闇を表す山おろしなどは、歌舞伎にならって太鼓で表現するのだが、ときには乾いた豆をいくつか糸でくくり付けた大きな団扇《うちわ》をあおいで大粒の雨の擬音を出すこともする。

77——芸の肥やし

太鼓がまるで打てなくてはプロのはなし家にはなれないが、勉強熱心な若手は笛や三味線も習う。寄席の三味線方は伝統的に女性の持ち分だから、実際に若手落語家が出囃子などを演奏することはまずないだろうが、笛は出囃子や地囃子に入ることも多いし、二番太鼓、シャギリには入るのが通常だから〝笛吹き〟は重宝される。立派な会場なのにナマの笛の音が入っていないようでは手抜きのアンサンブルと見られても仕方がない。

三味線を習うならば、さらに小唄や長唄、あるいは踊りも稽古しよう、という若手もいる。そういう諸芸を身につけたからといって、それが直接の飯《めし》のタネになるわけではないが、それらが、はなし家の素養と基礎財産になる。

六代目三遊亭圓生は女の表現にすぐれていると評価されたが、それには踊りの素養が一役買っていた。口先で女らしくしゃべるだけでなく、背筋の力を抜いて両肩の線を落とすと、よりらしくなる、と言っていた。とは言うものの、そのコツは踊りが身についていなければ絵に描いた餅も同然でげす、とも言っていた。

踊りが上手になれば、一席うかがったあとに「はなし家踊り」をやってお慰みを重ね、客席を浮き立たせてあとへつなぐことができる。

小唄などの邦楽はひととおり身につけておいたほうがいい。噺に直接役立つことがあるからだ。音曲噺はやらないまでも、噺の中で登場人物がちょっと唄を唄うところがツボにはまっていれば、高座ぶりが一段と上がるものだ。ただし、うまがって得意になったり、余分に唄ったりすると、たちまちにしていやみな芸に陥る。

こうした素養を「芸の肥やし」と言う。芸の肥やしも世につれる。最近はピアノをひいたり、ジャズやハワイアンの演奏をする落語家が数多くいる。それが直接噺に生かされることはないだろうが、本業とはちがうものを習得し、そのためにある程度の努力や苦心をすることが、どこかで本業をふくらませることだろう。

78——狭き門、広い部屋

映画俳優、歌手や近頃のタレントの多くはオーディションを受けるか、スカウトされるかによってその道に入る。プロ・スポーツの世界も同様だろう。

前にも述べたように、落語家になるには、スカウトのご厄介は無用だ。オーディションなんかない。では全くの門戸開放状態なのか、それとも門戸なんてそもそもないのか、と言えば、そうではない。誰か特定個人のプロの落語家、それも真打——つまり「師匠」の「門」を叩いて「入門」するのが第一歩にして唯一の道である。門戸は厳然とそびえ、多分に閉鎖的だ。

しかし、スカウト活動がない代わりにオーディションも入門テストもないから、師匠に気に入られれば案外あっさりと入門が叶うという安直な一面もある。門の扉は破れ障子も同然だ。日本在来の「伝統芸能」はその点で似たり寄ったりである。

だが、能狂言や歌舞伎のように、実際には世襲にもとづく「家」の制度によって、トップの人材供給がすまされていたり、邦楽や邦舞のように、入門者は月謝、名取り料などを払って家元制を維持する財源単位になったりするのがふつうだから、落語界のあり方はきわめて特異だ。

平成の不況でリストラしか策を知らないセコ経営者が輩出し、ビジネスの世界に夢をなくした若者が増えたせいか、落語界への入門志願者があとを絶たない。寄席は極限にまで減少しているのに、落語家人口は史上最多状況を続けている。だが、相対的に見て落語は、依然マイナーな存在ではある。世の大勢とは別の小宇宙をなしている。

だが、もともと落語は「山椒《さんしょ》は小粒でヒリリと辛い」が本質なのだから、それに徹し、それを誇ってしかるべきだろう。メジャー指向に流れても、ろくな結果にはなるまい。落語界はその入り口からして特異のままであっていい。

それにしても発声、発音などの基礎訓練をする共通のスクールぐらい持ってもよさそうに思うが、とにかく、入門した弟子たちは、それなりに一国一城の主《あるじ》である師匠の下で育てられる。それが狭い流派主義につながらないのは、自分の師匠以外からも噺の稽古をつけてもらえること、そして寄席の楽屋でみんなのために働くという、この社会ならではの開放性によるものだろう。

この点でも、他の日本の「伝統芸能」とは大きく一線を画している。家元制度をとる立川流でも、他門で稽古することを禁じてはいないはずだ。

いろいろ騒動の歴史はありながら、たいした改革もなしに今日までできた落語界。だが、基本的にはまずまずの日々を過ごしている、と言うことになるのだろうか。この世界が大ヒットと大金の温床であったなら、良くも悪くも、一回や二回は血の雨が降っていたことだろう。

79――前座の名前

前座として登録されれば、とにかく名前が付く。師匠と同じ亭号の下、師匠の一字をもらえることもなくはない。とにもかくにもはなし家らしくなる、と言いたいところだが、前座名にはずいぶん不思議な名前がある。

もうずいぶん前のことだが、三遊亭小遊三の弟子は前座時代に妙な名前が付いていた。円丸が「いるか」、遊之介が「おまえ」、春馬が「あん太」、遊史郎が「おたく」。どうやら師匠が呼びかけるのに都合がよかったらしい。いるか？　と聞くだけで名前も呼んだことになる。「おまえ、いるか？」ではどっちが呼ばれたのか、あるいは一緒に呼ばれたのか、わからない。

五街道雲助《ごかいどうくもすけ》の弟子たちは街道や旅にゆかりの前座名だった。喜助（桃月庵白酒《とうげつあんはくしゅ》）が「はたご」、佐助（隅田川馬石《すみだがわばせき》）が「わたし」、金原亭駒七（蜃気楼龍玉《しんきろうりゅうぎょく》）が「のぼり」。

小遊三、雲助門下の例はいずれも二ツ目昇進にあたって改名している。二ツ目になれば本格的に落語家の名前らしくなり、真打になるといっそうそれらしい名前になるのが相場だ。

入船亭扇橋《いりふねていせんぎょう》（一九三一〜二〇一五）門下の「扇たつ」が二ツ目になって「扇辰《せんたつ》」、そのまま真打——などはオーソドックスな例である。

柳家喬太郎《きょうたろう》も前座名「さん坊」から二ツ目で喬太郎、そのまま真打と、足どりは淡々としている。二ツ目時代に売り出せば真打昇進の際に改名する必要はとくにないわけだし、せっかく売れた名前を保ってさらに上昇すれば、落語界に名跡がひとつ増えることにもなる。林家たい平は前座名のまま真打になっている。

二〇〇二（平成十四）年に他界した五代目柳家小さんは師・四代目小さんからもらった前座名が栗之助《くりのすけ》だった。文字の上では師名とも、亭号の柳とも別段関係がない。若いときの顔が栗みたいだったかららしい。こんな名前はあまりにも個別的である。その人がのちに大物になったとしても、そういう名前は、出世名《しゅっせな》として受け継ぎにくい。

三遊亭圓丈《えんじょう》は前座名がぬう生、そのまま二ツ目になり、真打昇進で圓丈になった。師・六代目三遊亭圓生によれば「何だかヌウッとしているから」命名したのだという。栗みたいな顔よりは〝ヌウッとした〟若者のほうが適用範囲がひろがるから、「ぬう生」には後継ぎがいる。

かつての栗之助は二ツ目になって柳家小きん、真打に昇進して柳家小三治、師・四代目が亡くなって五代目小さんを襲名と、はなし家名前遍歴の典型をたどって頂点をきわめた。

80―はなし家の名前

江戸幕府は原則として農工商に属す人々には苗字《みょうじ》――姓を許さなかった。例外はあって、名主、庄屋など幕藩体制の一翼を担う家柄であったり、特別な功績、技能、資格、格式などを有する家は姓、あるいはそれに準ずる呼称が許されていた。

そうでなくても商人《あきんど》などは、店の名称と主人の名前を一体にして、それを世襲の対象にもした。豪商・紀伊國屋文左衛門がよい例で、世間は「紀文」の略称さえ与えている。

姓が認められるはずもない侠客や博徒でさえ、土地の名称を冠にして清水の次郎長だの森の石松だのと言っていたのだから、落語を生み出した江戸時代とは、制約と融通が混然とした懐《ふところ》の深い社会だったのだろう。苗字は許されなくても、多くの人々がそれなりにただの「某《なにがし》」ではなく、「何の某」になっていたのだ。

能や狂言にくらべて身分的には低く見られていた歌舞伎には、姓まがいの「家」の標識が認められていた。「市川」、「中村」、「澤村」、「松本」、「片岡」など、どこにでも姓としてふつうにありそうなものばかりだ。「尾上」や踊りとの縁が深い「坂東」に芸の家らしさを感じる程度だ。

市川團十郎も松本幸四郎も実名風である。梅幸、松緑、芝翫など、音読みの雅号めいた名は役者の俳名をのちに役者の名に転用したものである。郎や衛門のつく実名型のほうが先にあったということ。

はなし家だって負けずに「何の某」になった。そのほうがタレントとして商品価値が上に見える。平凡な「鈴木」を消して「イチロー」を採る式の発想は、むかしはあまりしていない。

はなし家は歌舞伎役者のような実名風の方向はあまりとらなかった。虚をしゃべるのが看板の稼業だから虚名らしく名乗ったとも言えるし、落語の初期は作者兼演者が多かったから、戯作者《げさくしゃ》風の名乗りをしたとも言えるだろう。

江戸落語のプロ第一号のようにいわれる初代三笑亭可楽《さんしょうていからく》（一七七七〜一八三三）は最初、山生亭花楽の字を当てた。初代三遊亭圓生（一七六八〜一八三八）ははじめ、山遊亭猿松。この二例で見れば雅号めいた名前も初めは具象的だった。のちに自ら抽象的に改名したことになる。

落語最初期のころは、アマチュアが自ら名乗ってプロになることができた。可楽の場合も櫛《くし》職人の又さん改め山生亭花楽となる。山椒は小粒でヒリリと辛い、の洒落でもある。

その後、落語界に階級やしきたりが生まれて自由な名乗りは窮屈にはなったが、それは噺と芸の成熟発展、また芸能としての確立と繁栄の代償であったようだ。

81——「有名」亭「無実」

芸のうまい拙《まず》いはともかくとして、幸運にも、いや不幸にして？　ある落語家と知り合いになってしまった、とする。

後日、その落語家とどこかでばったり出会って立ち話をするような次第となった。ともに連れはいないので、まさにさしで対話する構図。

人間同士として素直に口を利けばいいのに、相手がいささか特殊な、しかも由緒ある仕事の専門家だと思うと、あれこれつまらない意識が働いて、落語の常套句で言えば、「舌が突っ張らかる」場合もあろう。

まず、その落語家にどう呼びかけたものか。これは相手が落語家ではなく一般人だとしても、まだ馴染みの薄い頃には迷うところだ。まずは相手の姓で呼ぶのがマナーだろう。よほど親しくなれば姓を棚に上げて名前で呼ぶ。

かりにこの落語家の〝姓名〟を「有名亭無実」とする。

いくら落語でも、そんなヘンテコな名前があって堪《たま》るかと腕をまくらないでほしい。「根なし草語る浮き世を圓く生き」と、六代目三遊亭圓生がよく色紙にしたためていた落語のことだ。あえて、ありそうもない名前にしておこう。

でも「無実」では洒落にもならないと言うのなら、むかしからの手法で「無」を「夢」にしたり、少し発音を訛らせて「実」を術か述にする手もあるにはあるのだけれど――。落語家だって一般人のはしくれ、まずは「有名亭さん」と話しかけ、いつの日にか「無実さん」で話ができる身になりたい――。

それで済むものなら、恥を忍んでくだらない架空名義の話をしたりはしませんよ。

落語家の場合は全く逆だ。「有名亭」はある集団、早い話が「一門」を表すだけで、特定の落語家個人をほとんど指してはいない。つまり「有名亭さん」と言ったのでは、稼業を落語家と認めたことにはなるが、無実師匠を一人前に扱っていないという結果になる。無実師匠が名人であれ駆け出しの若手であれ同じことだ。これは無実なるものが師匠でなくても、二ツ目や前座であっても同じことだ。

前座の変な名前であっても、姓でなく名前で呼ばれることで、その落語家は個人として認められたことになる。

これは落語界の特殊事情ではない。日本の伝統芸能全般の不文律のようなものだ。團十郎に向かって「市川さん」、吉右衛門に対して「中村さん」では役者としてさえ認知していないかのように聞こえる。清元延寿太夫を「清元さん」、常磐津文字兵衛を「常磐津さん」では人間離れさえしかねない。歌舞伎役者の場合は屋号という標式のようなものがあるので、「成田屋さん」「播磨屋さん」で折り合うことができるけれど。

落語家の姓にあたるものを「亭号」という。なるほど、とくに東京では「亭」の付く〝姓〟が多くある。ごく馴染みのところでは三遊亭、春風亭、古今亭、柳亭、金原亭、入船亭、三笑亭、昔々亭、上方では笑福亭。だが、「亭」はスタンダードでもなんでもない。柳家、林家、橘家、三升家、月の家など〝姓〟が「家」の字の落語家の人数は「亭」を圧しているかもしれない。「春雨や」のようにカナ表記の場合もある。

ならば亭号でなく、家号でもよさそうだが、ヤゴウでは歌舞伎役者の屋号とも商家や料理屋の店名とも区分けがしにくい。

「亭」は「あずまや」で、本格的な家屋や住居ではないが、庭園内や街道の宿駅などでの、ちょっと立ち寄って足を休めるほどのささやかな施設を指す。落語誕生のむかしの、語り部の周囲に何人かが足をとめ、耳を傾けた現象を表したつもりだろう。「家」となればむろん、本格の家屋。

鈴々舎の「舎」の字の由来もまずはそんなところだろうか。談洲楼、蝶花楼、五明楼、蜃気楼などの「楼」ともなれば高壮な建造物になるが、これはもともと落語家の亭号も名前も超えた隠居名、あるいは俳名に近い「号」から転じたものだった。

初代柳亭燕枝が「談洲楼」と号し、二代目柳家小さん（一八四九〜一八九八）が名前を三代目に生前贈与して自分はただ「禽語楼《きんごろう》」と号した、などが典型だが、世間は「談洲楼燕枝」、「禽語楼小さん」と言い替えてしまう。ありがちな混用だが、亭号と名前の両方に楼の字が付くダブル楼名乗りだけは避けてほしい。

　見かけ上、亭も家も舎も楼もない亭号も多くあって、しかも大勢の落語家がいる。上方の一大亭号「桂」はその代表格で、早くから江戸東京に進出している。これも亭か家か、そんな意味合いが潜在していると見ていいだろう。立川、瀧川なども同格。

「立川」は江戸落語の始祖、立川（烏亭《うてい》）焉馬《えんば》（一七四三〜一八二二）の流れを汲む古い由緒のある亭号だ。焉馬は本所・竪川《たてかわ》に住んでいて、自然「タテカワの師匠」と呼ばれていた。「竪」の字が武張っていておよそ芸事に向いていないため、文字面では「立」の字をとるようになった。むろんその当時は、後の世に繁華街として、また軍事施設の地として「立川（タチカワ）村」が大いに羽振りをよくする予測など立てはしない。

　本所の竪川はいまもタテカワだが、落語家の亭号「立川」にはくらべようもないマイナーな地位に甘んじている。その「落語立川流」とて亭号を「タチカワ」と呼ばれる不快を味わっている。「竪」とちがって「立」には「タツ」をはじめ複数の読みがあるから。今後もすっきりしないだろう。

82──名跡と襲名は魔物

同じ日本の伝統芸能でも、落語はいちばん端っこにいる。それだけ価値が、存在感が低いという意味ではない。歌舞音曲一般のように型や演出・演技上の絶対的な決まりごとが少なく、台本、譜面や振付の束縛も、また語弊を承知で述べれば画一性の度合いも低い。芸そのものをとらえてみれば、ほとんど当人一代限りの個人芸だということだ。わが国伝統芸の異端児と呼んで差しつかえはないと思う。

ならば芸人の名前も一人一代がふさわしい。判別のために本名プラスアルファ程度の名前であればことは足り、芸の実態にも沿っていたのではないかと思う。

だが落語は、他の芸能に右へ倣えをするように名前は継承されるものとした。何代目何の某《なにがし》の世界へ参入した。これは歌舞音曲だ落語だと言う以前に、この国の持っている体質のせいかと思われる。そういう国なんだね。

となれば文句を言ってもはじまらない。

こんな憎まれ口を利くのは、発展途上の落語家――、真打昇進前後の若手に、むかし以上の名前へのこだわりを感じて久しいからだ。なろうことならよく知られた、よき名前を継ぎたいと思うのを否定はしないが、その望みを果たしたあとは人生これで一段落に甘んじる例がいくらもある。

平成も四半世紀を過ぎたあたりから、さすがに手つかずの名前が残り少ないことに気づいて、二ツ目名前のまま真打になる若手も増えてきたので、現象面では鎮静化しつつあるようだが、落語家の名前狩りの意欲そのものが枯れたわけではない。名前の「争奪戦」とやらが商売になるのだから、そんな話題にとびつくメディアも聴き手も弥次馬の域を出ないが、落語家自身が風刺性を失って、逆に風刺される側に回っているのは情けない。

「家」の制度が確立している、と言うよりも、なんでも「家」の枠に納めてしまう歌舞伎の世界では、ことのほか名前が大重要事項だから「名前」なんてカジュアルな言い方をしない。次に「市川團十郎」を継ぐ人は十三代目だ。しかも、これまでの十二人の事蹟はくまなく知られ、記録されている。何代目なのかはっきりしなかったり、東西に同じ名前が同時にいたりしたはなし家の名前とは素性がちがう。

歌舞伎役者が名前を「名跡」と呼ぶのは、そんな実績と実情から見て、なるほどと思わざるを得ない。その名跡の「襲名披露」が華やかに、おごそかに行われるのを見れば文句はつけられない。「名跡」が興行資産と文化資産の両面を厳然と備えていることを思い知らされる。

それとくらべると、卑下していたわけでもないだろうが、つい近年まで落語の世界ではいつも「名前を継ぐ」と言っていた。昭和の名人と呼ばれる演者たちの聞き書き自伝や折々の談話などでも「名前を継ぐ」が標準的表現になっていた。「名跡を襲名」と大言壮語するのは、三遊亭圓朝の名前が話題になったときくらいのものだった。

二〇〇九年ごろだったか「七代目」圓生の座の「争奪戦」なる不毛の茶番劇があって、メディアをさえ走らせた。そのあたりから落語家の名前も「名跡」と呼ばれるケースが散見される。

新聞の見出しが「名前をめぐる――」では華やかさに欠けるということなのか。

この騒動では私も少しばかり厄介な思いをさせられたが、振り返って争奪戦の当事者たちに格別の思いはないが、メディアへの不信感はいまも残っている。

落語家の名前も「名跡」に昇格してしまうのだろうか。世の常として降格はあるまい。いずれ名跡も遺跡同然になるのさ、「真打」だって「名人」だって、ひと足先に遺跡街道を歩んでいる。結果を見届けられないのが心残りだが、それよりも近づいてきた本書の結末はいったいどうなるのか、が当面の課題だ。

名前は残すものか、残るものか。残すのは立派な成果だろうけれど、自然に残すほうがずっと価値が高いのは言うまでもない。「残る」実例が多くなれば、落語家の名前が名跡に格上げされても文句は言えまい。「古今亭志ん朝」などは、かの三代目ただ一人の手で「名跡」になったと言えるだろう。

「志ん朝」の初代、二代にはごく短期間の実績しかないので、四十年以上「志ん朝」の看板で輝き続けた三代目の価値は高い。志ん生の「名跡」を継がなかったことが「志ん朝」の名跡指数を決定的に高めたとも言える。

「古今亭志ん朝」が名跡扱いに耐えるほどの名前になった段階で、江戸東京の落語界からひっそりと自然のリタイアーをした名前がある。それを名跡だとは言いたくないが、れっきとした本職の、少なくとも五代は続いた名前ではあった。

「古今亭志ん朝」の初代は実兄で、のちに十代目金原亭馬生になった。太平洋戦争中の、混乱期の名乗りだった。

それまで、つまり戦時中までは「シンチョウ」と言えば「三遊亭新朝」のことだった。新朝で大物になったはなし家はいなかったが、代々のうち二人ほどはかの三遊亭圓朝の門人だ。元来、「朝」の字は圓朝にゆかりがある。圓朝門人では三遊亭一朝がいちばん名高い。

古今亭志ん朝が新参ながら破格の名跡のようになって、五代ほど続いた「三遊亭新朝」は、今後おそらく誰も手を出さないであろう名前になった。

寄席という興行場が生まれ、はなし家が稼業となって二百二十年、さまざまなはなし家の名前が咲いては散って、ごく一部だけが実を結んだ。これからはどうなるのか。落語家よ、名跡の遺跡化現象の中で、どうか後駆《しんがり》を務める人であってほしい。

シンチョウについて、ここでおまけ話を一つ。

三代目古今亭志ん朝は『野晒し《のざらし》』をよくやっていたが、主人公が向島の釣り場で大騒ぎをするクライマックスでサゲていて、拗ちがいで野だいこが主人公を訪れる本来のサゲまではやらなかった。

時間があれば、興に乗ればやることもあった、などという話ではない。全くやらなかったのだ。

なるほど、先へ行くほど噺がナンセンスに傾いて、無理なところもあるからね、などと納得してはいけません。やりたくてもできない事情があった。

「なんだ、お前は？」

「しん朝というたいこで」

「しまった、さっきのは馬の骨だったか」

この本来のサゲが「シンチョウ」ゆえに変なウケ方をしても困る。浅草の地名・新町にも引っかけたサゲだというから、野だいこには改名の自由がない。『野晒し』の後半をやりたい落語家は「四代目志ん朝」を狙わないことですな。

83――事務員さんにもなる名前

「柳家小三治という名前は」と、十代目本人が高座で語り始めた。昭和の末だったか、平成の初めだったか、小三治がまだ四十代後半のころの、鈴本演芸場での独演会の折である。

――私で十代目です。過去に九人の「小三治」がいた。だからといって同じくらいの代数を重ねている桂文治や金原亭馬生のように、江戸のむかしから連綿と続いている名前じゃありません。初代の小三治は江戸時代の末に生まれていますが、小三治を名乗ったのは明治もだいぶ奥に入ってからのことなんです――。

そう、初代の柳家小三治とは、のちに名人と言われ、かの夏目漱石が小説の中で讃えた三代目柳家小さんなのである。三代目小さんの高弟だった四代目小さん、またその愛弟子の五代目小さん——小三治の師匠の小さんも、小三治を名乗っていた。三代目と五代目は小三治からすぐに小さんになっている。ここ一世紀の三人の小さんが小三治だったということで、いわゆる出世魚の名前を思わせる。

　が、しかし、と小三治は言った。師・五代目小さんまでの九人の「小三治」のうち、六人が「小さん」になっていない。小さんにならなかった小三治が二倍いる。だからお客さん方よ、名前なんてどうでもいいことなんです——。

　代々の小三治には、その名のまま世を去った人もある。三代目古今亭今輔（一八六九〜一九二四）という大きな名を継いだ人もある。七代目林家正蔵（一八九四〜一九四九）になって大いに売れた人もあった。この正蔵の子が戦後の爆笑王・林家三平である。つまり、現・九代目正蔵、二代目三平の祖父は、小三治だったこともあったというわけだ。

　戦後の落語協会で長らく事務局長役をつとめていた、いわば名番頭の高橋栄次郎という人は、かつて八代目柳家小三治（一九〇一〜一九七七）だった。高座からは引退したが、落語界で人生を全うしている。

　現・小三治の襲名が決まったときに小沢昭一が、「小さんにも事務員さんにもなる名前」という句を贈ったことはよく知られている。

　これまで「小三治」は、「圓生」、「小さん」のような行きつくところの名前ではなかったから、つまり腰掛けのような要素があったから、百年間に十人も誕生したのだ。マイナーな名前なんです、と小三治は言い、名前なんてものはね、とさらに続けた。本名だっていいんだけれど、それでは芸人らしくないと言われる。識別のための呼称ならば、「柳家その一」、「柳家その二」……、でいいじゃありませんか。そういう名前のほうがずっと好きなんです、わたし――。

そう笑わせる柳家小三治が、その名前になってからほぼ五十年が経過した。歴代小三治の中で、飛び抜けて長い記録だ。いちばん売れた「小三治」でもある。東京落語界二人目の人間国宝であるのは周知の事実。後世は、「小三治」といえば十代目を指すだろう。「柳家小三治」は、事務員さんはおろか、小さんになる必要もない「名跡」になった。

84―先代は巧かった

昭和三十年かその翌年、西暦ならば一九五五、六年のころである。父は中学生の私を上野・鈴本演芸場の夜席へ誘った。圓生がトリだから、と言う。

その当時、いわゆる識者筋は八代目桂文楽崇拝一色だったが、五代目古今亭志ん生の旋風はすでに文楽を凌駕していたし、一般ファンにはラジオに出番の多い三代目三遊亭金馬がおなじみだった。六代目春風亭柳橋、五代目古今亭今輔、二代目三遊亭円歌、八代目三笑亭可楽（一八九八〜一九六四）、八代目春風亭柳枝あたりがそれに続いていた。若手では林家三平（一九二五〜一九八〇）がはじける直前で、四代目柳亭痴楽が人気をさらっていた。八代目桂文治（一八八三〜一九五五）と三代目春風亭柳好《りゅうこう》（一八八八〜一九五六）はこのころに他界している。

芸につべこべ言いたい人は六代目三遊亭圓生、八代目林家正蔵（彦六）、三代目桂三木助、さらに若い五代目柳家小さんに注目していた。中でも圓生はネタが多いからラジオでの出番が多く、すでに『牡丹《ぼたん》灯籠《どうろう》——栗橋宿』や芝居噺仕立ての『双蝶々——西河岸田圃』などまで放送していたから、急速に大看板として株を上げていた。

その晩、まだ五十代なかばの圓生はお得意の『三十石《さんじっこく》』を演じた。伏見人形の店をひやかすところから入り、宿帳のくだりを経て船中の謎かけなどへ進み、三曲目の舟唄を一調子高くうたったあと、「おいおいに淀川を下《くだ》る、三十石夢の通《かよ》い路《じ》でございます」で終わる、三十分強のヴァージョンだった。

実演で圓生の『三十石』を聴いたのは初めてだったから、少年の私にはすこぶる印象が強かった。圓生十八番であっても『文違い』のような人間模様の噺だったら少年ファンには荷が勝ち過ぎだったろうが、『三十石』は旅のスケッチ落語だから、とっつきやすかったのである。半世紀以上のちのいまでさえ、瞼を閉じるまでもなくその高座ぶりはまざまざと蘇《よみがえ》る。「ありがとうございました、お忘れ物ございませんように」と、圓生はにこやかに高座から別れの挨拶をする。いっせいに立ち上がる客席の中で、私は一瞬、腰を上げるのを惜しんだ。

私より内側の席にいた父は、立ち上がって私を促す。私は父に圓生礼讃を述べた。うん、よかったと言いながら父は、でも「舟唄」は先代のほうがよかったと、こともなげに言った。圓生とほぼ同年の父が言う「先代の圓生」とは、少年の私には手の届かない、とても遠いむかしの人に思われた。

先代が巧かろうが拙かろうが、私には当代圓生の『三十石』しかありはしない、とそのとき思った。アメリカとの戦争に負けてからたった十年だというのに、帝政ロシアに勝った五十年むかしの話を聞かされても仕方がないよ。そんな気分になった。

それから十年以上たって、その先代――五代目圓生が一九三五(昭和十)年ごろに録音した『三十石』を聴いた。七十八回転レコード時代のものだから、噺を七分ほどに圧縮した口演だったが、得意の舟唄はたっぷり演じていた。

なるほど鮮やかな歌唱だった。だが、声柄も芸風も全く六代目とは対照的である。六代目と比較採点しても意味はない。どちらをよしとするかは好みによって分かれるところでしかない。

さらに数年たって、私は六代目圓生にこの一連の体験を話した。六代目は、「おやじは太っていて声がよかったし、天性語呂が回る人でしたから舟唄はようござんしたねえ。あたくしはあたくしなりにやりますが、語呂はああは回らない」と言った。

――と、これだけの話なのだが、父が先代の舟唄を讃えたあの晩は、その五代目が亡くなってからたった十五、六年ほどのころだった——のだ。

録音というものが日常的に行われてはいなかったむかしは、十年もたてば何もかもが遠い過去のものになる。若い聴き手にとっては、いつも自分と同時代の現役こそがすべてだった。ところが、一九六〇年代からは録音が、次いで録画がふんだんに残り、しかも流通するようになった。スピーカーからは、いつでも肉声のままに故人の芸が吹き出てくる。資料としてはすばらしいものだが、それがために現在未来の芸が時代とともに飛翔するのを妨げる足枷《あしかせ》になりかねない。

レコード、CD三百枚超の話芸の録音をしながら、さらに続けながら、ずっと割り切れない気持ちでいる。こんな時代だというのに、「名跡」、「襲名」を志す人は恐怖を感じないのだろうか。襲名がおめでたいのか、おめでたい人が襲名に血道を上げるのか——?

85—名跡の永久欠番

先代は上手だった。むかしの人は偉いもの。これは芸能との付き合いで陥りやすい心理だ。若いころに接したものを判断の物差しにしてしまう。たいがいのことはそれで済んでしまうし、全くの誤りということも、まずない。芸能は勝敗や記録で決着がつくスポーツとは根本的に別のもの。

だから、「柳家その二」でもよしとする高邁な思想もしょせんは原理主義扱いをされ、名前が名跡と奉られるようになり、何代目何の某の世界に沈澱していくのも仕方のないなりゆきなのだろう。

そして、名跡崇拝の行きつくところに「止め名」という襲名禁止名跡なるものが生じるのだから、人間社会とは厄介なところだ。

止め名にはもうひとつの意味、いや機能があって、それはこれ以上ない頂点の名跡を指している。三遊亭では圓生、柳家では小さん、春風亭では柳枝、林家では正蔵、桂では文治、柳亭では燕枝といったところだ。止め名というより停め名、留め名のほうが区別の意味でも適切なのかもしれない。

例外はあって、明治後期に二代目柳家小さんは弟子の初代小三治に「小さん」の三代目を生前贈与して「禽語楼」と号した。

昭和後期には八代目林家正蔵が七代目正蔵の海老名家に名前を返上して「彦六」を名乗った。すでに八十路の高齢だったので、それは隠居名かと思われたが、隠居はせずに彦六の名前で高座に出ていた。

以後の新規襲名に待ったをかける、あるいは襲名を憚《はばか》る気運に支配される止め名は本来、いいことではあるまい。名前、名跡に依存したがる芸人の心は決してほめられないが、それを邪魔立てするのも芳《かんば》しいことではないからだ。

しかし、残念ながら名前が、ましてや名跡が芸よりも利得に直結する値札のような機能を持つようになると、さまざまなトラブルも生じて、それを解決できない場合には、結果的に止め名がいちばん無難な納まりになることがよくある。簡単に言えば、候補者の器が名跡から袖にされたということだ。

いや、いい名前を継げば芸も上がるものでして――、などと擁護する取り巻き連は「芸」の不思議とこわさがまるでわかっていない。

永久欠番型止め名について一文を記すに値するのは「三遊亭圓朝」の場合のみだろう。名人芸の人として、多くの名作の創作者として幕末・明治期に「落語中興の祖」と崇拝された三遊亭圓朝の名前そのものは若いころからのもので、むろん三遊亭の頂点をなす名前ではない。圓朝は二代目三遊亭圓生の弟子だ。師名を継ぐことなく圓朝のままで生涯を終えたばかりでなく、自分の弟子に三代目、四代目の師名・圓生を継がせている。

「圓朝」は頂点の意味での止め名ではなかったが、それを超える別格の人になったということだ。こだわるようだが、別格の「人」になったのであって、別格の名前、名跡になったのは、その人の没後であったと言うべきだろう。これが超一流の芸人のあり方だ。

圓朝自身はその名前を止め名にはせず、だが弟子の誰に継がせるとも言わなかった。だが、晩年に信頼していたパトロンの実業家に名前の管理を託している。第三者に託したからには、よき後継が見つかれば二代目圓朝を襲名させて差し支えないという心境だったのだろう。

三人ほどの有力な候補者があったが、難点も指摘されて脱落し、あるいは他界して、結局、圓朝没後四半世紀近い大正期の末に唯一生き残りの候補者・初代三遊亭圓右が名跡の預かり人から二代目圓朝の襲名を許さた。とくに反対する意見もなかったらしい。

だが、その圓右はまもなく健康を害し、死の床で襲名の儀式を内輪に行ったものの、ついに二代目圓朝として一声を発することなく世を去った。手続きの面ではともかく、二人目の圓朝は実在しなかったも同然だ。

以後、洒落や皮肉で圓朝志望を口にした落語家はあっても、本気で圓朝をめざした人はいない。

落語史の上でも初代圓右は二代目圓朝と書き替えられたことがない。明治末期から大正期にかけて名人と讃えられた圓右への、それが自然の礼節というものだろう。

「家」の制度が整っているためか、歌舞伎界では止め名がほとんどないようだ。永らく歴史上の名跡になっていた坂田藤十郎も復活した。一方で歌舞伎公演の場がむかしにくらべてひどく偏り、落語界とは逆に役者人口がとてもコンパクトになったために埋もれ名跡の数が増えている。

近年、落語がむかしより認知されているのはいいけれど、落語家の人数の多さといい、名乗る空き名前の心細さといい、どうもバブル状況に見えて仕方がない。

86―創名のすすめ

一九九四（平成六）年に柳家小緑《ころく》が真打に昇進して花緑《かろく》を名乗った。師・祖父の五代目柳家小さんが付けたというが、じつにいい名前だと思った。売り出しの若手花形にぴったりだし、何よりも古色蒼然としたはなし家臭い名前から何歩も前へ踏み出したセンスが感じられた。こんな斬新な新名を八十翁の小さんが考案したことにも感動を覚えた。

大相撲のシコ名も、良し悪しはともかく、ずいぶん変わってきた。白黒のはっきりした勝負の社会だけに、特別の因縁がある場合は別として、旧名の踏襲よりは綺麗さっぱり創名を志向するのだろう。落語界よりはるかに大所帯だし、漢字の組み合わせにも限度があるから、なかなか大変な作業だと思う。明治と昭和とくらべても世の中一般の文字センスはちがってきているのだから、落語家の名前ももっと一新されていいのではないか。

売れれば名前もよくなるという。春風亭昇太は前座名「昇八」と変わりばえがしない名前だが、すっかり人気者になった上に、一般の男の子にも使われる「太」の字への親しみもあるからなのか、名前が光るようになった。

立川志の輔は前座からの改名なしだが、これは名前そのものが当世風の上に本人が一段と名前を大きくした。早くも歴史に残る「名跡」になったのではないか。

桂文珍も改名歴がない。「珍」の字は笑いの稼業に向いていると言うより向き過ぎで、どこか野暮な趣があるから、名乗る人次第では裏目に出かねない。現・〝初代〟のように才があって朗らかで押しも押されもしない看板になれば、「珍」が当世風の人気者のシンボル文字にさえなる。

近頃はむしろ、前座名のほうが個性豊かでおもしろい。二ツ目になるとき、はなし家臭い名前の枠にはめ込むのは控えたほうがいいかもしれない。昇進するたびに口調ははなし家らしく整っても、その語り口に個性が埋没して抜け殻同様になる例が多いから、名前だけでも鮮度を高くしておいたほうがいい。

漢字の組み合わせには限度があるから、ひと口に創名と言っても容易ではない。ついつい常套手段でお茶を濁したり、ありものの再使用ですまそうとするのだろう。そこに安住したがる若手が多いのも実状のようだ。しかし、創名よりは創芸のほうがはるかに至難なのだから、せめて創名だけでもおやりなさい、と言っておこう。

創芸どころか、創名よりも襲名のほうがエネルギー源になっているような落語界ならば、落語は体質的に衰退の軌道に入っていると言っていい。平成の演芸ブームもバブルに終わるだろう。

東京落語界の二大名跡、「三遊亭圓朝」と「柳亭（談洲楼）燕枝」が止め名のタブー名跡になっているのは天与の皮肉か、それとも名跡を継ぎ残して散った無数のはなし家たちの祟《たた》りなのか。

87——名人とその伝説

三遊亭圓朝は「圓朝全集」という大部の口演速記録を残したが、あの時代の速記は後世のものとは少しちがって、活字による話芸の再現よりは明らかに活字体による噺の読み物化を目指していた。二葉亭四迷が言文一致体による近代小説の手本を圓朝の速記録に求めたのは、そのためではないか。

初歩の録音機が日本に上陸した当時、圓朝はすでに高座を退いて文筆活動に専念していた。西欧では、圓朝より三年早く亡くなった作曲家ヨハネス・ブラームスが自作のハンガリー舞曲の一曲をピアノ演奏した録音がいまに伝えられているが、圓朝はついに一声すら残すことがなかった。

声は残らず、速記録も多分に読み物ナイズされているとなれば、圓朝の「名人芸」を後世のわれわれが脳裏に再現するのはひどくむずかしい。

果たして圓朝は名人だったのか？　作者としてはこの世界で超一流の人なので、話芸のほうでも「名人」の価値を温存しておこう。それが、この落語界の「お宝」に報いる道だろう、という暗黙の了解はむかしからあるようだ。

その霧に包まれた神秘な存在感が圓朝の名人伝説を大きくしたと見ることもできる。それは圓朝という主峰に連なるいくつかの山岳をも名人伝説の雲で覆うことになり、ひいては、そこから落語における名人像、名人芸なるもののアトモスフェアが生まれて、つい近年までの落語界――ただし東京の、を支配していたのではないだろうか。

　圓朝が、落しばなしでは弟子の圓生（四代目）にかなわないと言ったという逸話が残っている。その四代目圓生（一八四六〜一九〇四）とて速記はあれど録音なしだ。師の圓朝と条件は変わらない。これもまた、ひとつの伝説ではある。圓朝の衛星伝説みたいなものだ。それがまた圓朝伝説を複合的に拡大する役割もしている。

　噺によっては圓朝よりうまいと言われたのは、圓朝門下の四代目橘家圓喬だ。圓朝を研いた銘刀・正宗とするなら、大阪へ移住した門下の二代目三遊亭圓馬《えんば》（一八五四〜一九一八）は研がない正宗、圓喬は妖刀・村正だとたとえた話が残っている。品格は圓朝だが斬れ味は圓喬――ということだろうか。

　が、政治講談で一世を風靡した初代伊藤痴遊《いとうちゆう》（一八六七〜一九三八）は、圓朝伝説にかわる「圓喬伝説」に少なからず冷や水を浴びせている。

　いわく圓喬はたしかにうまいが、圓朝をなぞった芸であって、むしろ圓右（初代）のほうが独自の芸を築いている。圓朝の全盛期を知らない世代の聴き手が、衰えた圓朝と伸び盛りの圓喬を比較して圓喬を過大評価しているのだ、と。

痴遊が讃えた圓右は〝二代目圓朝〟の圓右だ。むろん圓右には圓右で伝説がある。六代目圓生は、初代圓右を高く評価しながらも、あたくしの聴いた限りで「名人」とはっきり言えるのは圓喬ただ一人だと言っていた。ただし、圓生も圓朝を聴いてはいない。圓生と同世代の大御所たちの多くも圓喬を第一に挙げているが、それも痴遊の論に従えば、圓朝の全盛期を知らない者の判断ということになる。

圓喬、圓右は録音を残した。ただし、明治が大正に改元されたばかりの時期に亡くなった圓喬の録音は聴きとるのがやっとという程度のもので、とても後世の私たちには巧拙の判断がつきかねる。干支《えと》ひと回りのあとに亡くなった圓右の音はだいぶましで、語り口のアウトラインは聴きとれる。

なにしろ、どちらもマイクロフォン実用化以前の、ラッパ型の金属製収音装置に文字通り〝吹き込む〟ようにしゃべり、それを電気的な、ではなく物理的な振動波に変換して原盤に刻み、その複製盤をゼンマイ仕掛けの蓄音機で再生する――、そんな時代の録音で、原音自体が深い霧に包まれている。

圓朝が一声でも残していたら、その名人伝説はいくらか水っぽくなったかもしれない。いや「伝説」は生まれなかったかもしれない。となれば、その門人たちの伝説など、吹けば飛ぶようなものか。

88――文楽、志ん生、圓生

遠い明治大正の話ばかりしていても仕方がない。録音も、速記も、多少の映像も残され、そして自伝や芸談、評伝までもがあって、入手が容易な「昭和の名人」の像に触れてみよう。

一般には「文楽（八代目）、志ん生（五代目）、圓生（六代目）」とよく言う。その並び順は価値評価とは関係がない。一九四〇年代から七〇年代までの三人の落語協会内での序列そのままだ。生まれ順でもないが売れ出した順であり、死去の順にもなっている。

文楽と圓生はごくスタンダードな意味で「名人」像にふさわしい器と言えるだろう。二人とも話術をきめ細かく練り、なめらかに仕上げ、登場人物を〝らしく〟描くことに抜群の成果をあげた。

志ん生はほぼ反対のはなし家だった。言葉を磨き、整えた形跡は外側からは認められない。上手に語り聴かせよう、人物〝らしく〟演じようという道を捨ててかかっているような芸だった。

それほどちがう三者なのに名人上手のサンプルのように並べられるところが、芸というもののおもしろいところである。芸の名人とは、将棋の「名人位」のように明確な勝敗で決するものではないのだ。

文楽、圓生のように研鑽の極みを思わせるのが「名人」で、志ん生は「達人」だと言い換える人もあるが、逆に志ん生のような天衣無縫の芸こそ天才肌の「名人」の境地ではないかという人もあって、酒飲み話のネタにはなる。

いずれにも軍配はあげがたい。五十過ぎてようやく開花した志ん生を天才扱いするのもくすぐったい。とにかく、二十世紀のなかばから後半にかけて、この三人が東京落語のトップを占めたということと、それに付随した芸の価値観がいまも健在なことは事実だ。

水掛け論は避けるとして、こうした三人三様が一様に高く評価されるのだから芸というものは懐が深い。

私は次のような仮説を立てている。と言っても、話はいたって簡単だ。

文楽、圓生は描写力の粋を尽くして〝らしさ〟を追求し、聴き手の脳裏に明確で具象的な想像世界を提供した――。志ん生は〝らしさ〟をなかば放棄したが、全く固有の語り口によって強く聴き手をひきつけ、聴き手の脳裏に抽象的ながら自由で多彩な想像世界を提起した。

方法はほぼ対照的だが、聴き手が得た想像の豊かさには甲乙がつけがたく、他の演者を引き離していたから、この三人が戦後の「三絶」とされる地位を得た、と思う。そうとでも思わない限り、この異なる三人をいずれもよしと簡単に相場をつけるのは、矛盾の極みになる。たんなる既成価値追従、ブランド一辺倒になり下がってしまうと思う。

志ん生のとった道はリスキーだ。なるほど博打《ばくち》打ちである。長年売れなかった人が破れかぶれで王道から一歩大きく外れたのが、志ん生独自のやり方であり、それが時代にうまくはまって大当たりになったということだろう。芸の生涯で最後に打った博打に志ん生は勝ちを収めたのだ。別の人間が安易に同じ道をたどれば、まして志ん生の模倣に走ったりすれば、いずれ崖下に落ちるかもしれない。父をよく知る十代目金原亭馬生と三代目古今亭志ん朝は、初めからその愚に落ちることがなかった。

　文楽、圓生は近親タイプで、ともにリスクの少ない道をたどったが、売り出しには三十年の差がついた。それは前者が陽の芸、後者はどちらかといえば陰の芸だから、と片付けることもできるが、それだけではないだろう。

　文楽は絶妙の調子と間《ま》で描写芸を支えた。晩年になると、その調子と間でこなせる噺に、レパートリーを絞る一方になったため、描写力が小さく縮んだ観がある。いっそう凝縮したのだ、と信者は言うのだろうが――。

　圓生は、調子や間において格別すぐれた才はなかったのではないか。しかし、言葉の構成力と応用力にひときわすぐれ、しかも描写力を磨きに磨いた。それは、調子のよい文楽とちがって、すばやく大衆にアピールする道ではなかった。そのかわり描写性はひろがり、深まり、やがて誰よりも鋭く深い話芸ドラマを生み出すに至った。その自信が流麗な言葉の流れを生み、遅ればせて大衆にも認められた――。

　これも仮説にとどまる。私は文楽、志ん生、圓生のそれぞれ晩年を堪能したが、時代をともにして人生を歩んだわけではないからだ。

この三人を私たちの近過去の「名人」とすることに大方の異論はないだろう。そこでわかることは、名人像がひとつではないということだ。しかし、「名人」という言葉は好きではない。それに伴うブランド志向もいいとは思わない。

が、これからもその時代なりのトップが「名人」と呼ばれることはあるだろう。であるならば、これからはますます多様な名人像であってほしい。対照的なものを、いや、全く別次元のものを認め、そのよいところを探って楽しむことが大切だ。

次の時代が、文楽、志ん生、圓生のどれとも似ない「名人」を選ぶもよし、「名人」が死語になるのはもっとよし。

ただし、何でもあり、すべてよしということではない。そういう甘い至福の言葉は、芸に限らず近寄る悪魔の誘惑だ。豊饒の夢に耽らせて眠りから永久に覚めないようにしてしまう。

89—さらに「昭和の名人」

二十一世紀になって数年、平成二十年前後に落語の周辺では「昭和の名人」がしきりに取沙汰されるようになった。いつのまにか名人も増加して、あたかも昭和戦後は名人の海であったかのような言われ方がまかり通るようになった。

一九五〇年代から落語に親しんできた者にとっては、めでたいようでめでたくもなんともない。過去の落語界と故人の落語家がほめ殺しのダンピングを受けているようなものだ。なぜ三十年早く評価をし、木戸銭を払おうとしなかったのか。

まあ、落語に限った現象ではない。昭和が昭和であった時分には昭和の事物に興味をもたず、二十年ほど過ぎると口々に昭和、昭和と合唱するのだ。

昭和が昭和であったころにはせいぜい数人ほどしかいなかったはずの落語名人が急激に三倍ほど膨張したのは、落語の録音・録画がビジネスになることにやっと気づいたからで、これもまた痛し痒しの実情ではある。

商品の宣伝をする際に「名人」は重宝だ。他をもって替えがたい。「名人上手」という熟語がむかしより勢いを失ったのは、「上手」ではインパクトが弱いためにちがいない。

これが私の立脚点だ。むろん私が体験、実感した昭和戦後もそれほど名人だらけではなかったのだ。

文楽・志ん生・圓生は前に述べたので、あと五人ほどについての私見を記す。

まず、三代目三遊亭金馬について。

いや、金馬は「名人」とは別枠だ、超大物にはちがいないけれど——、という声が聞こえてくる。たしかに文楽、志ん生、圓生のそれぞれと共通する因子はこの昭和落語界の豪傑には一切ない。

若いころの出発点が講釈師だったことが、かなり説明になるかと思うが、舌捌きが適確で声も高らか、存在感すこぶる大の巨匠だった。東宝名人会、三越落語会などで、金馬が文楽、志ん生、圓生を圧倒する場面に何度か接している。

落語家の協会組織からはフリーの立場を貫いていたので、まず寄席には出ない。放送（ラジオ）各局と東宝名人会が主な仕事場で、とくにラジオ出演は一ヵ月に数回ほどあった。全国津々浦々に落語を浸透させた功績の飛び切り第一番は金馬だった。

それほどの巨大な実績があって、むろん技芸の実力も充分にあって、しかし名人の呼び声に「待った」がかかるのはなぜだったのか。

三代目三遊亭金馬という人は名人であったにもかかわらず「アンチ名人」の巨匠でもあった、と私は見る。近未来に現れるであろうアンチ名人——、いやこの際はアンチ名人という名の名人、と言っておこうか——、のよきモデルとなりそうだが、逆の側面もあった。

金馬の落語のおもしろさは落語に初心の人にもよくわかる。それを巨大な価値と評価する時代はしかし、金馬の前半生、昭和戦前のものであったようだ。昭和戦後が求めた落語の名人像からすれば、金馬のおもしろさには、いわば奥の院がない。油っこいばかりで、ソフィストケートされた風味を欠く。ボリューム満点の豪華ランチだが、懐石料理でも手打ち蕎麦でもない——。

戦後の落語「名人」像を金馬で逆説明するとわかりやすいのは残念なことでもある。

ソフィストケートの美学で昭和戦後に大きなエポックを画したのは三代目桂三木助だった。わずか十年ほどの短期間だったが、十八番『芝浜』を旗印とした「三木助現象」が起こったと言ってもいいのではないか。

その活躍の時代がしばし重なったとは思えないほど、三代目金馬とは対極的な芸風で、噺を淡白にサラッと仕上げた。いや、じつは要所にケレン味もキザな面もあったのだが、それを小粋な語り口で包んで、いかにも江戸前仕立てに仕上げたことが時流にかない、三木助の勝利につながった。

文士というレッテルがあったころの作家たちから好まれたことも三木助の勲章になっていた。芸人が一人で偉くなれる時代ではないことを悟っていたのだろうか。あと十年の余命があれば――、の声が高かったが、私は三木助に欠けたるものを芸の幅の狭さと見る。女の表現が得意ではなかったから、廓噺にはあまり実績がなく、幇間の噺もほとんどしていない。長生きしたら、八代目桂文楽と同様に小さな城に籠もる晩節だったかもしれない。

三木助ほどにソフィストケートの魅力を売る方向には行かなかったが、演目資産の豊かさとわが道を行く特異な個性で辛口の魅力があったのは、八代目林家正蔵（彦六）と八代目三笑亭可楽だった。ともに江戸の小暗い小空間を描いて絶妙の人だった。

正蔵は最晩年の声の震えが印象に残って気の毒だが、六十代までの微塵も揺るがない楷書の語り口は立派だった。決してウケに背を向けていたわけではないと思うが、ありきたりの落語とは別の地点で自分の独自な店を開いていた。その気風はわかる人にはわかり、文士たちの支持も得ていた。

可楽はボヤキ調子だったと言われている。基調は古風で江戸前。ただし陽気ではなかったのでボヤキに聞こえたのだろう。語尾がスゥッと消えるのが欠点にはならず、ペーソスあふれる独特の高座ぶりとして迎えられたのは、伝法な語り口に筋金が入っていたからだと思う。

前項から述べてきた七人の噺家はみんな明治生まれだが、最後に大正初期の産・五代目柳家小さんについて一筆。

小さんは落語界初の人間国宝（重要無形文化財保持者）に選ばれた。「昭和の名人」のしんがり役だった小さんが初の国宝とは、それまで国家は落語に対してどういう対処をしてきたかがよくわかる。

五代目の師・四代目小さんは温厚で識見豊かな人として知られ、五代目は落語家のあるべき心と姿をたっぷり教わった。だが、四代目小さんは噺の稽古をつけるのは苦手の師匠で、五代目は多くの噺を七代目三笑亭可楽（一八八六〜一九四四）から習っている。

その可楽は明治・大正期の名人・三代目柳家小さんに傾倒した人だった。その結果、五代目小さんは三・四代の「小さん」のエキスで培養された柳家の申し子のようになった。懐の深い、小細工もケレンもない堂々正攻法の至芸だったが、顔のまるみ、体型のまるみ、それ以上に音声のまるみと愛嬌たっぷりの柔らかな顔の表情に恵まれて、基本は地味でも朗らかで楽しい噺の世界を築き上げた。

年長の友人・三代目桂三木助と同様に、いや三代目、四代目小さんと同様に女の表現が得意ではなかったが、職人や田舎者、武士の噺を網羅的に修得して、持ちネタ多数の人となった。多くの弟子を育てたことでも知られているが、その結果、柳家代々の噺が、いまも広く演じられている。

巧いことのみが名人の条件ではない。その人がどう時代を生きたのか、芸以外になにを生み出して落語史に一頁を記したか、なども名人の条件となる。

さてさて、天皇陛下の思召《おぼしめし》もあって、私どもがいつの間にかなじんできた平成という元号にも区切りのときが見えてきたように思われる。長すぎた昭和の後釜だったがために短く思う人もあろうが、大正の二倍はある。わが落語の揺籃《ようらん》の時期、文化文政の合わせて三十九年には及ばないが、ひとつの「時代」として捉えるに不足はないかと思う。

では、落語家・平成の名人は誰と誰か、といった議論は御免蒙りたい。もう名人の時代ではない。これが私の基本的な考えだ。

「昭和の名人」にしたって戦後の人材を後追いで大量製産させたツケが回ってきて、だいぶ水増し薄味の様相を呈しているではないか。

その愚を繰り返しては『千早振る』の隠居を笑えないから、本書では昭和の末から平成の落語家について、その姿勢や行動、影響力などについてのみ記して、価値評価は控えてきたつもりだ。

だが、時代の一つの区切りが目に見えてくれば、そう言ってもいられない。平成という時節に活躍し、一定の存在感を示した落語家についての私見を少しばかり記しておきたい。

本書に名前を出させてもらった演者諸兄については、屋上に屋を重ねるつもりがない。その諸兄とともに次の時代に影響を及ぼすであろうと思われる演者を記し損っては筆者として手落ちと覚ったからの、これは巻末の手前の地点での、筆者の「あとがき」の先取りだ。したがって本書の中の、ここがいちばん新しい稿になる。


二十世紀が終わる、ミレニアムだ、などと世の中が騒いでいたころ、東京落語界は不況の底にあったが、古今亭志ん朝、立川談志は健在で、柳家小三治は全盛期を迎えていた。桂文珍、春風亭小朝《こあさ》、立川志の輔などが伸び盛りだった。世紀末とやらを抜け出した途端に志ん朝がいなくなり、談志も病を持つ身となった。どうなることかと案じていたら二〇〇五年には落

春風亭小朝

桂　文珍

柳家さん喬

立川志の輔

柳家権太楼

五街道雲助

古今亭志ん輔

入船亭扇遊

柳家花緑

柳亭市馬

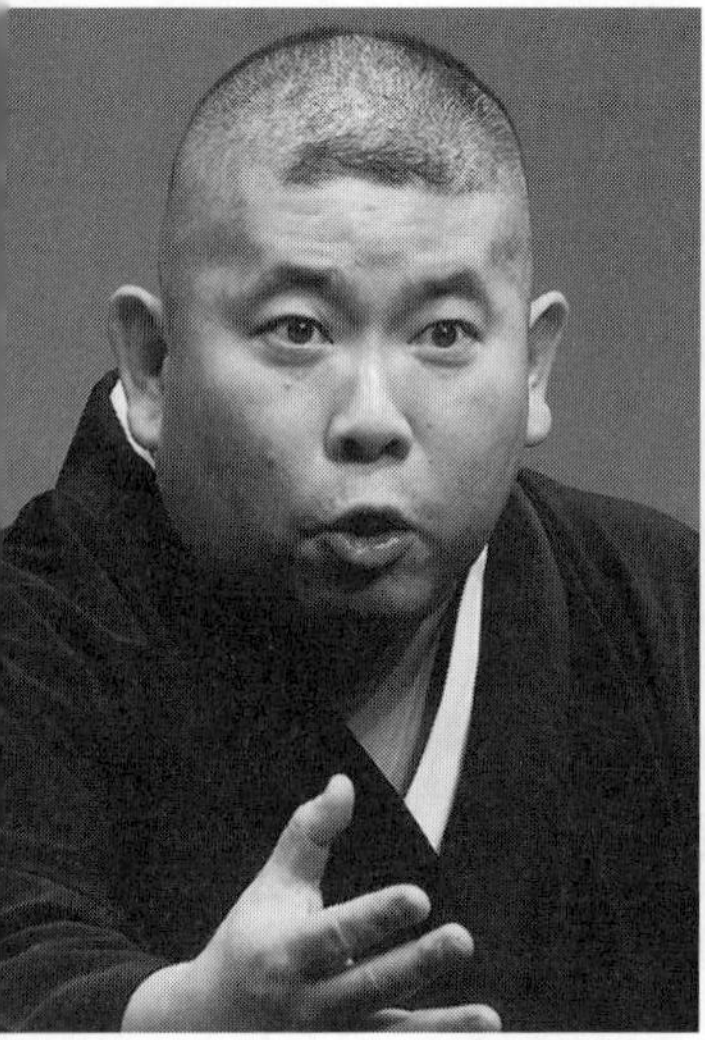
桃月庵白酒

柳家喬太郎

89—さらに「昭和の名人」

春風亭一之輔

柳家三三

立川生志

桂　文治

語ブームがやってきた。めでたいことではあったが、なぜブームになったかは誰にもわからない。その状況は緩やかに鎮静化したように見えて十年ほどあとにまた少し盛り上がった。いまはその出直しブームの最中らしい。しかも、二ツ目中心のブームで客層も一段と若返っているのだという。

さもあろう、もう名人の時代はこないのだよ、と我田引水をするほど筆者は素直ではない。名人は再来しなくても一向にかまわないが、若ければ未熟でもよし、「芸」なんて何だかさっぱりわからないけど、おもしろければいいジャン、といった感覚が蔓延すれば、落語三百年が水泡に帰すのではないか。

おそらく、これまでの例にもれず、そんな〝落語ブーム〟などバブルに終わる。遠からずそうなる。そうなったときに、たまたま一級品の演者がいなかったとしたら、これは危ない。バブルの道連れになってたまるものか。

だが、そうはなるまいと筆者は見ている。現象としては目立つことが少なくても、この四半世紀に実力を蓄えた熟年の落語家たちがいる。そうした人材の高座をしっかり聴き続けている聴き手はじわり増えていて、決して減ってはいない。

この四半世紀の落語の浮き沈みにかかわりなく実力を伸ばし、手堅く落語を支えて、いまや重鎮の座にあるのは、柳家さん喬、五街道雲助、柳家権太楼の三人だ。彼らがいなかったら平成の落語ブームはもっともっと早くにバブルの正体を露呈していただろう。

まあ、芝居にたとえて言うなら、若い客を呼ぶ白塗りの二枚目や女形だけでは舞台にならないのであって、弁慶や由良助専門の重みのある役者が不可欠というわけだ。この三人は、気がついたら落語界を制覇していた。とくにさん喬と権太楼を対にして売り出した、ある時期の落語協会には敬意を表しておきたい。

この三人の存在がすぐ次の世代、入船亭扇遊《せんゆう》、古今亭志ん輔《しすけ》、柳亭市馬《いちば》など次の世代にも影響を及ぼし、その流れがさらに柳家花緑、柳家喬太郎、さらには桃月庵白酒、柳家三三《さんざ》、春風亭一之輔《いちのすけ》、桂文治、そして立川生志《しょうし》あたりへとつながっているようだ。

細かいことを言えばもっと多くの人材の名前を出せるが、当面の下馬評はこれくらいにしておこう。

90—ジョウズとヘタ

むかしはよく、「名人上手《じょうず》」と言った。ここで言う「上手」とは、歩き始めた赤ちゃんに「あんよは上手」とはやす、〝巧み〟の意味にとどまらない。「名人」に次ぐ、あるいは「名人」に準ずる「上手」というランクのことだ。

あと一歩で名人だったのに惜しむらく「上手」にとどまった、などと言う。名人が横綱なら、「上手」は大関、あるいは手どりの関脇、小結なのだろう。「名人」はいまもはびこる名称だが、「上手」は〝話し上手〟、〝聞き上手〟のように一般的な形容に溶け込んで、もうランクの資格を失ったようだ。わずかに「名人上手」の四文字熟語として技芸の世界でたまに引用されるだけである。

上手ということは大切なことなのか。

芸能を楽しむには木戸銭という対価が発生するのだから、芸は巧みであってほしい。上手でなければ、金返せと言いたくなる。それが素朴な気持ちであるにはちがいない。

たしかに下手《へた》では困る。曲芸が毬を落としたり、茶碗や土瓶を割ったりでは見るに堪えない。それがたまたまならばアクシデントとして大目に見られるが、のべつなら論外だ。だが、失敗がなければそれでいいと言うものではない。つつがなく回ればお客は親切に拍手をするし、曲芸人によってはさらにはしたなく拍手をせがんだりするが、回し方の鮮やかさ加減は芸人によって誰の目にもわかるほどちがう。

仮に鮮やかさでは甲乙がつけがたいほどみんな上手だったとしても、愛嬌とか品位とか、技術以外の要素で値打ちが決まる。さあ、そのへんからがじつは「芸」の始まりなのだ。それ以前では動物の「芸当」と大差がない。

曲芸のように、かなり純粋に技能を楽しむ芸でもそうなのだから、言葉とわずかなしぐさ、表情で人間やその心理、心情を表現する落語となると、技術的に上手なだけでは「芸」と言えないことがある。「扇一本舌三寸」とは言うが、たんなる鮮やかな言葉の曲芸に終始するトーキング・マシンであっては、人間が描けず、心情が空虚になってしまうだろう。

文章も、演説や講談もそうだが、マシン化した言葉の回転のみでは、遠心分離器にかけられたように人の心は飛散していく。「寿限無」の名前がすらすら言えるだけでは落語にならない。啖呵が鮮やかなだけでは『大工調べ』はまだ小手先の段階だ。

あまり上手に、達者にならないほうが間抜け者や与太郎などの、また、とまどう心理や迷い、遊び、困り、嘆きなどの表現がそれらしくなることもある。能弁に事情を説明されるとかえって怪しむのは、刑事ばかりではあるまい。論理的になめらかにしゃべれる与太郎は、おそらく仮面をかぶっているのだと思われそうだ。

柳家小三治はある若手について、もっと下手にやればいいのだが、と言ったことがある。歌舞伎では〝達者な芸〟を戒めている。

下手にやろうとするのは上手にやろうとするよりよほど困難なことだろうが、上手になりたい一心だけでは、「上手」と言われる地点にまでも行けないらしい。

テレビ画面はお粗末な〝やらせ〟のそらぞらしさを平気で見せる反面、災害時の報道などで私たちにフィクションも及ばない極限状態の人間を見せる。そこに芸はない。上手にやろう、うまくしゃべろうなどと誰もしていないそのドキュメントが、そのまますさまじいドラマになっていく。

こういう時代に、むかしながらの手法で上手になってどうするのだ。旧来のままでは芸が空洞化するのは目に見えているじゃないか。技術は上手でなくてもいい、自分固有の表現をつかみ、小細工せずに聴き手にぶつかり、訴えることだ。

むかしながらの手法の枠の内側で研鑽を積むだけでは、仮に録音録画に残る名人上手に肉迫し得たとしても、おそらく近未来の高座の覇者になることはないだろう。

芸のありようは時代の求めによって変容する。聴き手の多くが遠い過去の言語感覚に自分を慣らそうと心がけて精進する、などということはあるはずがない。

その時代の人が日常の社会生活の中で培った言語センスを反映した言葉芸、言葉芸人から、その時代の「名人」は生まれるのではないだろうか。

その名人がやがて年ふりたとき、聴き手を過去へ引き戻す作用をすることもあるだろうが、非凡の名人だとて人数はせいぜい三人か四人、聴き手という大衆との比ではないのだ。

91――新・寿限無の青春

若いころの三代目古今亭志ん朝が主演した芝居に『寿限無の青春』（小幡欣治作）というのがある。あの、落語『寿限無』の主人公だった子どもがつつがなく成長して恋に落ち……、なんて筋書きではない。「寿限無」はたしかに人名だったが、この芝居では落語家の卵になっていた。

かつて「林家あとむ」という若手落語家もいたのだから、「○○亭じゅげむ」はあってもおかしくない落語家名だが、高座で『寿限無』をしゃべる「寿限無」ではややこしい。

『寿限無の青春』は落語家の卵を描いた芝居だった。落語家の社会には、ほぼ明治期までに確立したと思われるさまざまなしきたりや決め事がある。それは変化する現実の社会とは次第に離れて行かざるを得ないものだが、そこに身を置く若者の青春は、志ん朝のむかしよりもいまのほうがずっとドラマの材料になりそうである。

平成に入って落語界は名人や古老がますます消える一方だが、若手に若いファンが群がるという、かつてない現象が定着して、その面では活況を呈している。

同じ時期に能、狂言の役者や邦楽器の奏者、もちろん歌舞伎役者にも若いスターが輩出した。そこにも若い客の層が生まれている。それを若者の日本回帰のように言う人もある。そう言われればそんな気もするし、当のスターたちは無邪気にその気になっているようだ。だが、果たしてそうなのだろうか。

若いファンは落語の笑いにひかれる以上に、また邦楽器の音色や邦楽に魅力を感じる以上に、そして能の幽玄や歌舞伎の華にしびれる以上に、伝統芸の非日常的な佇まいや一般人とはかけ離れた容姿衣裳に、そして特殊な環境の下で修業にあけくれる同世代の若者たちに、好奇心と憧れを抱いているのではないだろうか。

社会全般が組織化され、マニュアル化され、デジタル化が進行し、超便利になった反面、科学の奴隷になり下がった生活をしいられる若い人たちは、ロアールの古城やロマンチック街道を旅する思いで、着物に身を固め、師弟の厳しい掟の下で徒弟的な修業にいそしみ、やがて花を咲かせるであろう同世代の人材に、ひそかな夢を託しているのではないだろうか。

その気になれば誰でもたやすくなれる職業ならば、また、飛び込んで成功率の高い、少なくともある程度の成功の保障がある仕事ならば、かえって夢や憧れの対象にはならない。入りにくい、飛び込むには多少の勇気がいる職種だから、離れて眺め、仮託した夢の成否を見守る。

それが山伏の修験《しゅげん》のようにストイックな印象のある世界であれば近寄りがたいのだろうが、笑いに飾られた落語は、なかなかいいポジションにある、しかもタッチャブルな存在なのではないか。『寿限無の青春』は、いまやみんなの青春になりうる。

春風亭昇太も出演した二〇〇五（平成十七）年のＴＢＳ系夜のＴＶドラマ『タイガー＆ドラゴン』が「新・寿限無の青春」になったと言う人もいる。

92──アンチ名人の時代が来た

「名人の時代」はもう終わったと思う。「名人」は依然として意味も内容も不明瞭なままだが、誰もがそれなりに抱く「最上級」のプロの概念にはなっているし、誰もが自由勝手に「名人」を選べるから、これからもいろいろなジャンルで種々雑多な名人が現れては消えるだろう。だが、圓朝を偶像とする落語「名人の時代」は、その圓朝の死後百年、二十世紀いっぱいをもって終焉したと見る。

好むと好まざるとを問わず、人々が求めるものは変化していく。ありがたい至芸を客席から仰ぎ見ることによって感動を得たのは、すでに過去の話なのだ。一九七九（昭和五十四）年の六代目三遊亭圓生の急逝は象徴的な出来事だった。それでもなお既成の名人像にこだわった人々も、二〇〇一（平成十三）年の古今亭志ん朝の死で幕引きの時を悟ったのではないだろうか。

いま、客席の求めているものは、〝らしさ〟の追求でも、扇一本舌三寸による幻想でも、名作噺が生む人間的感動でもない。そういう価値観が全く失われたわけではないが、はっきり、メインストリームではなくなった。

メディアの発展も手伝って人々の感度は、少なくとも感度だけはひじょうにシャープになった。その働きもひじょうにスピーディーになった。高度な表現技術を駆使して懇切丁寧にストーリーを、ドラマを、人物の心情を高座から授けていただかなくても結構です、ということなのだ。整理して要領よく、わかりやすく聴かせてくれればいい。折り折りに現代的なスポットを当てて、噺に内在する時代を超えたテーマを照らし出し、そこで笑わせてくれればさらにいいし、退屈もしない。

桂文珍、春風亭小朝、立川志の輔などの噺へのアプローチは、こうした傾向を適確にキャッチした上のものだろう。

さらに春風亭昇太となれば、江戸時代の噺であっても人物はすべて現代人になって、それが若い聴き手を笑いの海に誘っている。旧来の見方からすれば昇太は巧くもないし、むろん巧くやろうともしていないのだろうが、それ以前の大切なこと——、芸は、そして表現はまず第一に人間の営みであることを、しかも同じ時代の聴き手が感じとる営みであるということを、しっかりとつかんでいる。

桂文珍は、かつて六代目圓生しかやり手のなかった『豊竹屋』、『能狂言』を全くリニューアルして現代爆笑篇に換骨奪胎してみせた。

文珍落語はことのほか人間的だ。人間のおもしろさが宿っていれば、古い噺もなるべくそのままにやるし、そうでない噺は大胆に手を入れて新作仕立てで蘇生させる。この人の新作が新作臭くなく、熟成した古い噺のように聴けるのは、柔軟であたたかい人間表現がいつも基本にあるからだろう。

立川志の輔は、たとえば地味で長い『帯久《おびきゅう》』をコンパクトにし、人物の心理的やりとりを縮めて自身のストーリーテラー性を前面に押し出している。それは人物のやりとりにこだわる旧来の王道からはそしりを受けかねない道だが、とにかくそのほうがいまの聴き手をすばやくつかむ。

こうした試みには聴き手も刺激を受ける。そこから落語鑑賞のスタートを切った聴き手は、旧来の落語を聴いても、おそらくものたりない思いをする。旧スタイルの落語の味わい方を身に付けている聴き手は、この新しい刺激に多少とまどいながらも、それを考えるヒントにして、むかしのままではない落語の楽しみ方を楽しむようになる。

いまはもう遺跡が消えてなくなる時代ではなくなった。録音によってかつての「名人」をいつでも聴ける。その影響はなおあなどりがたい。「名人」の録音という手ごわいライバルがあるのだから、これからこそ演者の創意が試されるのである。上手になることなんか、二の次のまた次でいい。そうでないと、過去の録音が落語の進化を停め、未来を過去の世界に引きずり込む凶器になりかねない。

その意味では、落語は二百年ぶりに草創期へ戻り、先祖返りの段階にあるのかもしれない。ルーツのむかし、話芸はまだそれほど上手ではなかったろう。初代三笑亭可楽から見れば、三遊亭圓朝は世代的に孫にあたる。可楽世代から見れば、圓朝世代は技巧の臭い芸だったのではないか。歳月が落語の技巧性を高め、そこから名人伝説が生まれて、圓朝以降の百年を支配してきたように思われる。

下手の原点に立ち戻って、芸の垢《あか》を洗い落としてみよう。噺という作品を改めて直視してみることも大切である。名人芸を受け身で〝鑑賞〟するのではなく、噺の状況と人物の行動のおもしろさを発見する楽しみが第一ではないか。

ただし、多数の落語家が安易にその流れに乗れば、アマチュア回帰が進行しすぎて、先祖返りどころか、落語が存在しなかったむかしに戻ってしまう。そうなれば、名人の録音や録画が正真正銘の遺跡になりかねない。

江戸東京とちがって上方の落語には、むかしから「名人」の桂冠がない。呪縛もなかったろう。東京落語はこの事実から何かを学ぶべきだと思う。

93—「語り口」の是と非

アンチ名人だ、技巧も芸もお払い箱、キャラクター万能だと言い切るのは簡単だが、その反面の危うさもまた、たちまちにして見えてくる。その行きつくところ、落語という芸能はお笑いトークやコントに埋没するかもしれない。

もう「名人」は現れなくてもいいが、さすがプロ、同じ日本語でも落語家の唇から外へ出れば、素人《しろうと》タレントのおしゃべりとは、はっきりしたちがいがある、と思わせる最低のラインは保たれるべきだろう。

口が達者で個性がおもしろくて、ギャグにたけている若者は、手っ取り早くそのままスターになりたいなら、入門したり修業をしたり、前座、二ツ目十五年の辛抱をすることはない。着物姿で正座しなくたって、タレントになって、メディアで売れるがいい。

何度も言うように、落語はすべてを一人でこなす芸だ。上下《かみしも》を振る基本に始まって人物の仕分けをし、しかし声色で演じてはならず、あくまでも演者本人であることを失わずに架空の人物像を聴き手の頭の中に浮かばせなければいけない。とても厄介な芸である。さらに登場人物を掻き分けるようにして演者自身がチラリと顔を出すこともある。未熟な演者だと、そのあたりでフォームが崩れてしまったり、聴き手を混乱させてしまう。

どの人物も一律平均に大声でわめいて表すような段階では、演者はまだ素人離れをしていない。たまたまどういうわけか人気があったとしても——、である。そんなクラスにだって陽気の加減で人気が湧くのはあり得ることだし、これからますます増えるだろうが、しょせんは徒花《あだばな》に終わるだろう。しかし、妙に小器用《こぎよう》で小さくまとまった優等生よりは、骨太で素人性を残す素材のほうがあとの伸びは大きいものだ。これはいまもむかしも変わるまい。

まくらで私事を語っているうちはウケているが、噺本体に入ると低迷する若手が多くいる。これは演者に残る素人性のマイナス面だろう。ベテランに近いキャリアの落語家にも多少見られる現象である。まくらはどうにか「自前」だが、ネタが「借りもの」のまま。つまり、演者固有の世界がまだできていないのである。

まくらからネタまで一貫した話芸空間を築ければ、人気があろうとなかろうと一流の域に達している。そういう演者に人気がなくても不思議はない。未熟でもおもしろいほうが人気をさらうのは世の習いだ。

第一声、「えー」と言っただけで、たちどころにその人の話術空間を生み出す演者は、今日、東西あわせて十五人いるだろうか。どれほどおもしろい人気者であっても、キャリア二十年以下組のほとんどがまだその域に達していないところに、落語という芸のこわさがある。

94—日本語と落語の分離

演者固有の語り口が確立すること。それがプロの大切な条件。スポーツであれば、基本のフォームが第一ということ。ただ暴れているだけではフロック勝ちしかあり得ない。だが、芸能はスポーツといつまでも同じ軌道に乗っているものではない。やがて別れ道となる。

近頃のスポーツ選手は二言目には「結果を出す」と言う。わかったようでわからない言葉だが、あまり考える必要はない。スポーツとはそういうものだ。結果を出そうと思い詰めるまでもなく、勝敗、記録、順位、そういう客観的で単純明快な「結果」が自然に出て片がつく。プロもアマも、ホビーでも同じことだ。プロの場合には背後にその結果を楽しむ大勢のファンがいるが、ファンは結果を受けて反応するだけで、結果を左右できない。

芸能には、スポーツのような明快で客観的な結果というものがない。あったとしても、それを客席の人々がどう受け入れるかが大きな問題になる。どんな名演も拒絶されればそれまで。亜流でも喝采を浴びればスターになる。孤独な名人もあれば、ミーハーにちやほやされるヘッポコスターもいる。

スポーツなら、観衆が一人もいなくても、それが公開の、公式の場であるなら勝敗と記録が成り立つらしい。芸能では客席無人の名演は幻に終わる。それでは稽古場の演技同然と見なされる。

まして話芸となれば――、限られた表現法で聴き手の想像を促す落語であれば、「結果」の何割かは聴き手が負担するのではないか。落語家が「結果を出す」なんて決意を述べたら、お笑い草だ。

つまり芸能は「結果」になじまないのだが、もし結果があるとするならば、落語の場合は聴き手との共同作業になる。暗黙の共同作業だ。共同作業の合意や契約なんてあるわけもない。そこに気がつけば、聴き手にはいっそうの楽しみが生まれる。受け身の鑑賞から一歩踏み出す。聴き手の生き甲斐である。

そこに気がついた演者は、聴き手に語りかけることを心がける。自ずと語り口や言葉の選択に影響が表れる。それが聴き手の共感を生めば、演者は技巧以前に評価と人気を獲得するだろう。

だが、気がつきすぎる演者は、ややもすると聴き手に媚びる。語りかけすぎて聴き手との関係が不健康にねじれてくる。

そういうことにまるで気がつかない演者は、あせって見当ちがいに技巧の虫と化したり、高座以外の世渡りに耽ったり、あるいはのんびり日向《ひなた》ぼっこの人生をきめこむようになる。演者と聴き手は相対する関係だが、演者の生き甲斐は聴き手のそれより種々雑多である。

落語には落語の「語り口」、講談には講談の「読み口」という、固有の叙述法がある。それぞれの長い歴史が生み出したものだ。歴史が浅い漫談やトーク、漫才やコントには、そんな最大公約数型「語り口」はないように思われる。

新しい笑話芸は、いずれもその時代の、いまなら現代の一般人の日常言語に近似値の地点で「日本語」をしゃべっている。もちろん、一般人よりは個性的で特徴があるが、それはそれぞれのプロのしるしである。それもなければ舞台に立ってはいられない。

綾小路きみまろが落語家以上の客を集めた理由の一端は、ここにある。長い歴史を背景に、「おもしろい日本語」と「落語」が分離しつつあるのかもしれない。いつの日にか分離し切ったとしたら、どうなる?

五代目柳家小さんが重要無形文化財保持者、すなわち人間国宝に認定されたとき、若手はまくらで、小さん師匠がガラスのケースに入って高座に出てきます、などと笑わせていたが、落語全体がガラスのケースに納まって〝無形遺跡〟に認定されないとも限らない。アタマに〝重要〟がつくかどうか危ないものだけれど。

95—「そうするってえと」

二十一世紀になったころだったか、柳家喬太郎や林家たい平などの当時の若手が、まくらで自分の子どもを語って、その子が「そうするってえと」と落語口調でしゃべるために、子どもも社会から疎外されている——などと笑わせていた時期があった。多分に作り話かとは思うが、はなし家の家に生まれ育った柳家花緑は自分がまさにそういう子どもだったと言っている。

なかば冗談だとしても、少し前の世代の落語家からは聞かれなかった話だ。平成の若手リーダー格を自任する柳家花緑として、日本語と落語の落語の落差が気になるようだ。そうは言いながら彼ら世代の落語のしゃべり方は必ずしも大いに革新的ではない。花緑は現代書生っぽく、むしろ落語よりは「日本語」でしゃべろうとしているが、段取りや運びは案外オーソドックスである。

たい平は旧来の落語口調もしなやかに取り込んでいるし、喬太郎は現代口調と落語口調を使い分ける巧者ぶりだ。現代おもしろ日本語の自分流スタイルをすでに作っているのは春風亭昇太だろうか。それぞれのしゃべり方はそのまま彼らの噺の種別にも反映しているようである。

演じることと創作することとはちがうから、若手諸賢よ、落語をしゃべるなら前衛であれと言うつもりはない。いわゆる「落語の語り口」は、落語三百年が養った芸能のかたち――スタイルと言うよりも基本形なのだから、まずはそれをうまく使いこなすのも一方法だろう。だが、いわゆる「落語」の錬磨にばかり気をとられて「日本語」と、とくに〝いま〟の日本語と遊離してしまっては元も子もあるまい。

　どんな音質にもせよ録音が残っている明治末期以降のはなし家の語り口を聴いてみると、ずいぶん変わってきていることに気がつく。それぞれの時代の名人や上手をべつの時代に置き換えたなら、どんな評価を受けたろうかと考えてしまう。すぐれた才能の持ち主たちだから、きっと別の語り口になったのではないかと想像はするのだが――。

　こんなことは歴史にＩＦ《イフ》を差し込むに等しいから仮想を逞しくしても始まらないが、要するに先人の語り口にとらわれ、模倣に堕した無数の落語家たちは歳月の網の目からこぼれ落ちて、ただただ無名塚を築くのみ――。

　大正から昭和初期の録音を聴くと、登場人物がやたらに「おーやおや」と言う。「えへへの柳枝」で人気があった七代目春風亭柳枝（一八九三〜一九四一）など「おやおやの柳枝」と言い換えたいほどに連発している。一般人も会話の節目に「おやおや」を入れる習慣？があった――、そういう時代の所産なのだ。「おやおや、それはご災難」、「おやおや、そりゃ大変だ」、「おやおや、これはおそれいります」といった話し方。

「おやおや」はいまでも通用するが、日常生活ではほとんど使われなくなった。用途のごく一部は「まじ？」、「うそ！」で代用されているようだ。ちなみに「まじ」は寄席の楽屋から出た言葉。

「おーやおや」を教わったままにやっている、孫のまた孫世代の前座は、平成の今日にも残存してはいるが、いつとはなしに「おーやおや」は聴かれなくなっている。

言葉そのものばかりでなく、その使い方も変化してきた。相手の発言を「え、何が？」と聞き返して復誦させる、往年のはなし家がよく用いた手法も、ずいぶん使われなくなってきた。

これは、キーワードを念を押すように聴き手に周知徹底させる、いわば芸の親切なのだが、明治のままに多用してはいけない。放送メディアなどを通じて言語感覚が鋭敏になった現代の聴き手にはわずらわしく、噺の展開がまだるこしく感じられる。

三代目古今亭志ん朝、立川談志、柳家小三治あたりの世代からこの手法は減少し、春風亭小朝に至ってものの見事に払拭された。桂文珍、立川志の輔もほとんど用いない。用いたとしても〝芸の親切〟からではなく、その人物のものわかりの悪さや〝とぼけ〟の表現になっている。

「そうするってえと」流の語りを脱しようという試みもいまに始まったことではない。桂米丸《よねまる》は一九五、六〇年代の言語センスで落語の世界をつくった。とにもかくにも戦災の焼土から全く新しい社会を立ち上げた時代にフィットした「語り口」だっただろう。

新作派の米丸であれば格別の不思議はないが、〝古典〟を大胆に、一九六、七〇年代の言語でしゃべったのは五代目三遊亭圓楽だろう。〝古典〟はほどほどに古めかしくしゃべったほうが得なのに、まして文楽、志ん生以下巨匠勢揃いの時代に、「星の王子様」が示した意気は、あの当時の落語界にあふれていたエネルギーのひとつの象徴だった。

三遊亭圓窓《えんそう》もあえて「そうするってえと」の落語口調になじまない線を独歩行した人だ。その行きつくところに釈ダネ、つまり講談の落語化や、民話、法話類の落語化という実験があり、その展望の下に「五百噺」制覇の事業があったのではないか。

圓楽、圓窓の師、六代目三遊亭圓生は弟子を厳しく自分の芸の枠にはめて指導した人で、いわば影法師を作りたがる名人という定評があるが、圓楽・圓窓に加えて新作のカリスマ・三遊亭圓丈の師でもあったことを考えると、少々首をかしげたくなる。師匠の影法師になるかならないかは弟子次第だろう。

柳家小三治の語り口は独特だ。「そうするってえと」を無造作に言っているが、少しも古臭くはない。それでいて全く落語風で、しかも誰にも似ていない。時代なんて超越してらァ、の風情だ。結果的に縁もなく似てもいない五代目古今亭志ん生に通じる一面がある。

柳家さん喬の語り口は少し演劇的である。それがために通り相場の落語のリズム・パターンから外れることはあるが、人間ドラマを彫り深く描く場合にしばしば冴えが走る。これまた落語の新天地を開拓する語り口で、その土壌に弟子の柳家喬太郎が育まれた、とは誰しもの思うところだろう。

「落語」は現代の「日本語」に追い越されてもいい。でも、半歩か一歩遅れて、付かず離れずであってほしい。その上に江戸の情緒もちょっぴり、と注文されちゃァやりきれないだろうけどね。

96――納まった芸とは

「そうするってえと」を槍玉にあげたけれど、これはうわべの問題にしかすぎない。装いが古いか新しいかよりも、落語家がどんな意識を持っているか、落語家が聴き手に対して――共同作業のパートナーでもある聴き手に対してどう接し、どう語りかけているかが、根本の問題である。

前にも述べたように、落語初期の「はなし家」は聴き手に〝おもしろい〟噺を提供する語り部だった。〝おもしろい〟噺とは、笑話ばかりではなく珍しい噺や、ときにはおそろしい噺でもあった。寄席がメディアであったむかし、はなし家は聴き手が耳を傾けるならば何でも話した。笑わせるのは二の次と言えば語弊があるが、客が求める話を聴かせたのである。

お聴かせするという口上は、木戸銭を払う客へのへり下りだ。だが、一座高い位置でしゃべっているうちに、人間の常として、口上とは裏腹な思いが内心に宿りはすまいか。お聴かせすると口では言いながら、心は聴き手に聴かせてやる立場になる。与える立場になってくる。

『佐々木政談』、あるいはその改作版『池田大助』で一介の桶屋の小倅《こせがれ》は奉行に言う。「お奉行様はそんな高いところに坐って何かおっしゃいます。あたくしどもは低いお白洲に這いつくばっています。どうしても位《くらい》負けして思うようなことが言えません。上から下を見下ろしてりゃ何だって言えるんですよ」。

『佐々木政談』を高座でしゃべりながら、この子どもの言い分を自戒のよすがにするような落語家なら、ことによると名奉行並みの名を残せるかもしれない。

落語家は前座のうちから「一人舞台」だ。役者の場合、一人舞台で正面切ってせりふを言えれば座頭格である。ひどい前座がギャアギャアわめき演じても、慎み深い日本人である限り、客がギャアギャア言い出すことはない。スポーツや演劇、コンサートなどでは、近頃たまに「ブーイング」現象が見られるようになったが、まだ欧米の〝作法〟をリハーサルしている感じで、インパクトはない。

どんなに不器用な前座でも場数を踏めばそれなりに成長する。一座高く客を見下ろし、とにもかくにも自分が下方へ語り下ろす噺に客が少しでも反応するようになれば、彼には語り部候補生としての自信が宿る。

それがよろしくないと言うのではない。これは修業の、そして落語家の行程の大切なステップだ。こうして歳月をかけて一人前のはなし家が誕生する。

舞台度胸も創意もあって、早い段階から客を呑んでかかるような若手は、おそらく伸びも順調だろう。だが、生意気な若手ほど聴き手に対して与える意識と姿勢が強くなりやすい。不遜にも彼は、与える立場にどっかと腰を据えて我が身の真の姿を省みることをしない——、となると、その若手の順調だった歩みはピタッと停まる。

二ツ目から真打に昇進した直後ぐらいまでは前途有望に見えたのに、その後どうもパッとしない、という例がすこぶる多いのは、ここらあたりに原因がありはしないか。

つまり、口はますます達者になっても、与える心が聴き手をそらすのだ。聴き手は敏感なものである。別段ほしくもないものを与える面《づら》してしゃべられても、誰が受け入れるかってんだ。まあ、これくらいの人情の機微を察しられないようでは、口だけで落語の真髄は描けない。

七代目橘家圓蔵（一九〇二〜一九八〇）は「てんてん人生」という自伝を残したほど、若いころにさまざまな職歴遍歴をして吉原の妓夫《ぎふ》まで経験していたから、多くの若手が関東大震災前の、江戸の面影があったであろう吉原の話を聞きに行った。噺や、まくらに生かそうという心がけである。

話はやがて圓蔵師匠も知らない、明治や幕末の吉原へも及ぶ。圓蔵は吉原の古老から聞かされた話を教えてくれた。話し終えると、いつも圓蔵師匠は言ったそうだ。

「いいかい、この話はね、あたしゃ年寄りから直《じか》に聞いたんだ。だから、高座でしゃべるときには『……だったんだそうでございます』、『だったんだそうですな』と言えるんだよ。おまえたちはそのあたしから聞くんだろ、ね？　『だったんだそうだそうで』と言わなくちゃいけないんだよ」

まるで古い落語の演出にある、「何だとは何だ、とは何だ……」みたいな話だ。むろんこれは冗談だ。「そうだそうで」を実践したトンチキもいないだろう。

ところが近年は、そうだそうでどころか、「だそうで」さえ言わない例が多くなった。どれほどの学者のつもりなのか、戦後生まれなのに江戸時代の万物を「だったんです」と言ってはばからない落語家がいる。

芸人とはいえ客にへり下るような姿勢はもはや不必要だが、簡潔を期したつもりの断定的な物言いが若僧の高慢として聴き手に蹴られるのなら、彼はすでに裏目の行路にはまっていることになる。

むろんそれも、「そうするってえと」同様、言葉のうわべだ。しかし、得てして人はうわべで内部を測定するものだ。真実その演者が体の芯まで、心の奥底まで「だったんです」人類になってしまって、嘘も本当も見て来たように宣《のたま》ってはばからないのであれば、そこには〝納まった〟落語家像が浮かび上がる。納まった語り口、納まった芸。

拙《まず》くァねえが、妙に納まりゃァがって鼻もちならねえ嫌ーァな芸だ、と吐き捨てるように言われる芸人は、まだましなほう。凡庸な落語家が納まると、客席全体が重い不感症の病状を呈する。サンプルは相変わらず多数健在だし、若干増殖の傾向さえ見える。

様子よく乙に気取ったり、守りの芸をさとられまいと高慢に装ったり、さらには高圧的に出たりするのは納まった芸だ。聴き手への語りかけが消えて客席との一体感はなくなる。言葉のみ一方通行に流れて芸空間は仮死状態を呈する。こんな例、探すのに苦労はいらない。もちろん、納まった芸は行き止まりである。自分自身が自分の壁になっているのだから、動きがとれない。

巧いまずいだけが芸の評価の決め手ではない。まずければ納まりようもないが、なまじちょっぴり巧い人ほど納まりの壁に突き当たって、生きながら芸の自殺を遂げる。その壁を破る人が、いや、もともとそんな壁の生じない人材のうちのひとにぎりほどが、最終の勝利者になる。

落語家人生を全うするのは大変なことだ。

97—自分に返ってサゲる

「納まる」にちょっと似た現象は、サゲで「自分に返る」ことだ。「演者に返る」と言ってもいいだろうか。

これはサゲのひと言を人物のせりふにせず、やおら語り部としての演者自身になって、みなさん、これ、サゲなんですよ、と言わぬばかりの矯《た》めた調子で言うことだ。人物の言葉ではなく演者の地に変身するわけだが、ふつうの「地」、あるいは地噺の「地」とはひと味もふた味もちがって、いかにも狙いすました言い方をして噺を納めるのだ。

かつては、と言っても戦前、あるいはもっと前の時代だが、こういうサゲの言い方のほうが主流だったらしい。八代目桂文治といえば大正から昭和戦前の大立者だが、この人のサゲは自分に返る典型のように言われた。

素噺《すばなし》の理想からすれば、サゲはさりげなく、しかも突然がいい。わからない客が三、四割いてもかまわず積み残して、登場人物のまま切れ味よく終わりたい。

では、「自分に返る」は芸として高く評価できないのだろうか。必ずしもそうとは言えない。地噺や、ふつうの噺でも地で言うべきサゲなら、いやらしくならない範囲で自分に返ったほうが結末としてかたちがつくし、聴き手も納得しやすい。

『大山詣り』の「お毛が（怪我）なくっておめでたい」のような底の浅い地口、つまり駄洒落風のサゲは、老練温厚な吉兵衛さんがサラリと言うだけではどうもインパクトが弱いから、多少自分――演者風に返る要素を入れたほうがサゲらしくなる。

同じ地口のサゲでも劇的な『鼠穴』の場合だと、自分に返っては急に噺全体が空々しくなるのではないか。『厩火事』のような、人物の自然なひと言が無類のサゲとなって決まる場合は、絶対に自分に返ってほしくない。

さあサゲですよ、お客さん方、おわかりかな？　という心が感じられるとしたら、自分に返るサゲは親切を通り越していやらしいお節介になる。サゲという局部の技術論だとはいえ、ここにも「納まる」ことへの戒めに通じる精神があるように思う。そして、繰り返し言うように、八代目桂文治の時代とちがって聴き手が鋭敏になった今日、「自分に返る」必要性は一段と薄くなっている。

98—「間」について

八代目桂文楽に芸の極意をたずねると、判で押したように「間《ま》です」、「芸は間だよ」と答えたという。活動写真の弁士から第一流の話芸文化人になった徳川夢声《とくがわむせい》（一八九四〜一九七一）は、「間は魔」と言っていたそうだ。

この、わかったようなわからないような、一人合点の禅問答みたいな「間」についての神話がいつまでも残るのは、みんなわからないなりにどこかで〝魔のような間〟を納得したがっているからなのだろう。そこいらが何ともはや日本の風土である。

間——。言葉の間、心理の間、ドラマの流れとスケールの中に生じる間、設定された間、無意識の間、いろいろある。深入りすると迷路にはまる危険をはらんでいる。

芸を離れて世間を見れば、「間なし」という言葉は肩身が狭いし、「間あり」とはまず言わないが、「間抜け」はいまなお現役で幅をきかせている。間なしと間抜けはかけ離れた現象だ。間なしは芝居の進行と区切りにからめて「幕なし」に転化しているようで、「のべつ幕なし、よくしゃべる」などといまでも言う。

落語で「間」を言う場合、ごくふつうには人物のやりとりの間だろう。演者は上下《かみしも》を付けながらごく小さな時間的空間、それこそ十分の一、いや百分の一秒単位の「間」と調子、抑揚の変化などで人物のちがいと心理のズレを表す。相手の言うことに困惑したり驚いたりすれば、「間」は拡大したり逆に縮小したりして心理の衝撃の深さを表す。

やりとりでなくたって、自問自答の場面でも心理や考えの段階と変化をつけるのは「間」だ。「さよなら」と知人宅を出て「ただいま」と自宅へ帰る変化を、落語はほとんどひと続きの言葉ですませるが、ここにわずかでも「間」がなければならないのは言うまでもない。

「間」のとり方が機械的でいつも同じだと噺のリズムも単調になるし、聴き手はだんだん退屈して眠くなってしまう。前座時代の落語家はそこを乗り切れるかどうか。そういう、いわば楽器の練習曲の試奏めいた関門をキッチリ踏まないとはなし家としての基礎が固まらないのだから、心温かい聴き手なら前座をなるべく聴いてやってほしい。そこで眠るのは、聴かないよりは礼儀のうちに入る。

同じ演者でも、同じ噺でも、テンポと調子のとり方によって「間」は変わってくる。これまた機械的にコントロールできるものではない。テンポと調子が間を変えるのか、「間」がテンポや調子を動かすのか、一概には言えない。どちらがニワトリともタマゴともつかない相互作用によって何かが生じる。

「間」一点張りの桂文楽が『素人鰻』で一箇所、「間」を大胆に破ってみせた。

明治維新で旧幕臣は士族の商法を試み、ほとんど失敗をする。腕利きの鰻職人、金さんを板前に雇って鰻屋を開業した某士族だが、酒癖の悪い金公が店を飛び出すたびに休業しなければならない。鰻屋などよせばよかったと繰りごとを言う奥方に苛立《いらだ》って、主人は自分が鰻をさばくと言い切った。

「(そうおっしゃっても)あなた、金が帰って」

「参らんければわしがするッ」

と、会話体に二行で表現すると、夫婦のやりとりには「間」があるように見えるが、文楽の口演はそうではなかった。「あなた、金が帰って参らんければわしがするッ」と、ここは間なしに、ひと続きで言った。だが、声の調子で前半は奥方、後半は主人という区別は明確につけていた。前半は泣かぬばかりにか細く、後半は決然とした断言調。

噺の重大なターニングポイントで桂文楽は「間」を切り捨てた。というより、調子の大きな変化に「間」を百パーセント吸収させたのだ。そうすることで、ふつうに「間」をとった会話とは比較にならない一瞬の緊張を生み出したのである。

しかも、この手法を多用しなかったどころか、この噺のここだけにしか使わなかったのだからおそれいる。名人のすることは、やはり尋常ではない。

ここで調子のコントラストがなかったなら、あるいは弱かったなら、「間」がないための混乱と、わかりにくさが生じたかもしれない。少なくとも表現は平板になったことだろう。

「圓生百席」の仕事で大量の録音とその編集をしながら悟ったことだが、前後の言葉の調子、強弱、声量、さらには言い回しの濃淡などによって「間」はいくらでも伸縮をする。ここはコンマ何秒の「間」であると、あらかじめ決めてかかるようでは死んだ芸だということだ。初めに言葉ありき。「間」は絶対的な時間の空白ではない。

単純に言えば、「間」が狭いようでも直後に大声の表現が飛び出せば、そのコントラストはむしろ鮮烈になるし、「間」が長いと思っても直後の嘆きの言葉が深ければ、ドラマの深淵はいっそう暗みを帯びるのである。そうした一瞬一瞬の変化と流動が相乗して聴き手を芸の佳境へと引き込んでいく。「間」は絶対的な時間値ではなく、相対的で現在進行形の生き物なのだ。

録音編集作業に立ち会って図らずも自分の芸を精細に分析することができた圓生は、しばしばひとり何かにうなずいていた。圓生は七十代後半になっても芸の冴えを失わなかったが、それは編集立ち会いの余禄だったかもしれない。

99—「ふら」って何だ

フラと書かれることが多いが、ひらがなのほうが感じが出る。これも「間《ま》」同様で、得体が知れない。それぞれの演者独特の、何とも言えないおかしみを「ふら」と言うのだそうだが、「おかしみ」、「おもしろさ」自体が一律ではない上に、「何とも言えない」となると、こっちのほうが何とも言えない。いや、何にも言えなくなってしまう。

そのわりには、「あの師匠にはふらがある」などと、とくに楽屋ではよく言われる。ことによると「ふら」自体の概念が各人各様にふらふらしているのではないだろうか。間にせよ、ふらにせよ、おそろしくファジーな言葉なのに、何となく合意が成り立つのが「芸」というものの環境だ。ま、雲をつかむような話もやりようによっては深遠に思えるということか。

サンプルをあげれば、文楽や圓生は、また志ん朝は「ふら」型ではなく、志ん生、談志、小三治などは「ふら型」だということになるのだろう。

だが、ふらの全くない一流演者がいるわけもなく、ふらばかりで一流になれるものでもない。基本のかたまりではおもしろくなく、ふらだけではとりとめがなくて長い噺はこなせない。「ふら」を一人合点して勝手なじゃじゃ馬芸に走れば悪ふざけ同然になって、聴き手はアンコールを拒絶するだろう。

聴き得る限りの古今東西のはなし家でいちばん「ふら」が豊かだったのは三代目桂枝雀《しじゃく》（一九三九〜一九九九）だ。豊かどころか宏大無辺。ただの小手先の表面的なふらではなく、深層心理から発する揺らぎのようにさえ感じられた。

落語を聴いてただ笑わせられただけでなく、気持ちが空中に浮遊するような気分になったら、それは演者の発するふらと聴き手に内在するふらとが呼応したということだろう。だが、ふらにあふれたはなし家とふらを抑えたはなし家のどちらが上か下かは無意味な考えだ。聴き手の好み次第、と言うより体質次第。

ふら型の志ん生を、ノーふら型の圓生が評した言葉を紹介したい。「ふら」が何であるかを解く鍵になるのではないか。

あたくし（圓生）は、（剣術の）道場での立ち合いでしたら志ん生に勝ちますが、野試合となればだいぶ斬られてしまいます――。

100――落語にもフォームが

若い落語家に若いファンがついて、その地点で落語が活性化しているのは、昭和までにはなかったよき現象だが、親しみやすい和服タレント程度のモテ方だとしたら、現象の先は見えている。

くどいようだが、ギャグや笑いの鮮度において落語はすでに後発の諸芸能に王座を明け渡している。その面での復権は、まずないだろう。若いファンが若手落語家の高座に接して、多少なりとも〝らしさ〟の表現に気づき、三世紀にわたって噺が練り上げた人間世界を脳裏に描きつつ楽しんでいるのであればいいのだけれど。

ならば若手よ、名人になれ——、とは口が裂けても言わない。だが、落語が歴史の中で築いてきた落語ならではの表現性を基本的に身につけ、磨いておかないと、いずれ同世代のファンから飽きられないとも限らない。

まくらで聴き手の心をつかんでからネタに入る。この鉄則はいまも変わりがないようだが、多分に勘ちがいされている傾向もある。まくらでウケて、さんざ笑いをとって、それからネタに入ったら、客席は藁灰《わらばい》に水を打ったようにシーンとしてしまった——、という事態が頻発しているのは、そのためだろう。

まくらはまず、演者の声と語り口と、リズムやテンポを聴き手の耳に馴れさせる場だ。笑いをとることは、じつは第一の目的ではない。むろん、第一の目的を実現するためになら、大ウケしても全く差しつかえはない。ただし、なじんでくれた聴き手の耳にネタを届ける段になれば、語り口もまくらとは微妙かつ明確にフォームを改めていないと、客席の気分を一段と引き締めることはできないだろう。

まくらの、そして地の語り口とネタ——本題のしゃべり方がどうちがうか、どんなふうに切り替えるのかは、名を残すほどの故人の録音を聴けば如実にわかるはずだ。スポーツや舞踊のフォームは目に見える形があるから素人にもわかりやすいが、聴覚で見るフォームはなかなかとらえにくい。そこが音楽演奏や話芸に神秘的な名人像を生み出す源泉でもあるが、その対象になる人材は稀少であって、たいがいの演者や演奏者はそのわかりにくいところに甘え、自前の取り巻き連中と小さな自惚れの井戸を掘ってその中の蛙《かわず》となり、基本的なフォームさえなおざりにしかねない。

楽器の演奏なら、和洋を問わず基本的なテクニックはメソッドに従って修得しなければならないが、流行歌や話芸には、アマチュアの飛び入りが賞金を奪いかねない真空地帯が残っている。

そんなところからカラオケがはやるのはいいとして、戸籍上はプロの落語家がフォームさえ整わないままにキャラクターとアイデア・ギャグでウケているようだと、近い将来の行き止まりは目に見えている。いま若手を追っかけている落語ファンも、キャラクターとアイデア・ギャグだけで楽しんでいるのであれば、いずれ何か他のものに目移りしていくだろう。

まくらで自分を語り、体験的世相談に耽っているうちは、一般人の世間話と変わりがない。落語家の、はなし家の勝負どころは、自分自身が姿を消す——本題の噺に入ったあとに、フイクションの人物を描きながら自分をいかに発揮するかにある。そこからが「表現」であって、それまでは「おしゃべり」にしかすぎない。

かつて八代目林家正蔵（彦六）は、まくらも、前置きもなく、いきなり登場人物の言葉から始めることがあった。それで聴き手を一気に噺の世界へ連れて行けるというプロ中のプロの心意気である。

『文七元結』でズバリ、「ここは吾妻の橋の上」と中間点から噺に入り、たちまち長兵衛が文七の身投げを止めるクライマックスを築く。二人のやりとりの端々に前半の要素を織り込んでこの長篇を三十分強で仕上げたのは、見事な腕前だった。

近頃、『文七元結』や『芝浜』を地を中心にしゃべり飛ばして十五分でやったと自慢したり、誉めたりする例があるが、粗筋だけならもっと短くもできるのであって、噺の真髄を蹴散らかしては元も子もない。こういう人たちは、往年の師匠たちの苦心と意気地を知らないまま大きくなったのだろう。

フォームのある芸の例を挙げろと言われたら、二〇一五年の時点で桂歌丸だと答える。冒険を控えた行儀のよい語り口を貫きながら現代の聴き手をひきつける力はたいしたものだ。

101 —落語は音楽だ

一流のはなし家は、当然のことながら自分だけの世界を持っている。得意ネタとか芸風とかいう以前に、語り口のリズム、テンポ、そして言葉を乗せて噺を運び、進めていくフレージング、さらには薄くメロディさえ持っていて、各人各様の〝音楽〟で聴き手の耳をとらえている。

言葉の芸ではあるが、それを聴き手の耳に運び、さらに心にまで浸透させるのは、多分に音楽的要素である。音楽のある語りは、まずなんといっても魅力的だ。聴きやすく印象にも残りやすい。もちろんそれだけでは心もとない。いわゆる「歌い調子」のような甘い芸や、たんなる能弁のペラペラ落語では、やがて飽きられてしまうにちがいない。

まず第一はリズムだ。これは芸という生きものの心臓の鼓動にあたる。どんな会場であれ客層であれ、その演者ならではのリズムを崩さずにヒタヒタと語り進み、リズムに適った間《ま》、呼吸をとれば、聴き手は安定感の中でじっくりと噺の世界にひたることができる。

まくらにはまくらのリズムがある。ネタに入ってからもドラマの展開によって、その演者なりのリズムの変化があってしかるべきだから、リズムのコントロールが高座の出来を左右する。とにかく、リズムが安定しないうちは、かなり客にウケたとしても、ひとかどの話芸者とは言えまい。

次にテンポ。これも演者によってみんなちがう。速いテンポが本領の人、ゆっくり語り進めるのが身上の人。これもまた、噺により、場面によって調整があってしかるべきだ。『反対俥《はんたいぐるま》』のテンポで『天災』は、まして『芝浜』は、やってほしくない。その逆ももちろんのこと。

リズムの整わない人が速いテンポで走ると、危なっかしくて聴いていられない。おい、転ぶなよ！

ゆっくりしゃべる人は、その人なりのメリハリさえついていればどんなにゆっくりでもいいが、リズムが曖昧になると噺に失速感が生じる。噺だから命に別状はないが、飛行機だったら恐怖である。

さらにフレージング。言葉や息が途中で何度も切れると、フレージングは生まれない。初代林家三平が茶化していた「各々《おのおの》、方《かた》」は長谷川一夫独特のせりふの切り方であって、他の俳優がやれば必ずダメ出しをくらう。言葉の弧線が遠く伸びていく話し方だと、耳には快い。芸が大きく見え、聴き手の想像もふくらみやすい。そこに、歌い調子にならない程度の薄いメロディが重なれば、少々わかりにくい故実や古語も聴き手の抵抗を受けることなく、やすやすと現代人の心耳《しんじ》を浸していく。

高座で大声にわめき、自分自身がはしゃぐことで笑いをとろうとすれば、リズムはメチャクチャ、テンポもデタラメ、フレージングなんか別世界のことになる。そんな道に落ちないように、しっかりした師匠は弟子が前座のうちから行儀のよい話し方を仕込んでいる。

まずは言葉。「自分」はあと回しでいい。せっかくのアイデア・ギャグやキャラクターを生かすには、まず、言葉の音楽を目指すことだ。若手落語家の一群の中でもトップクラスにある人たちは、それぞれなりに音楽を持っている。

一見、リズムにもテンポにも、ましてフレージングなんかには縁がなさそうだった人は五代目古今亭志ん生だ。表からは見えにくかったが、音楽的要素はしっかり備わっていた。

世間は志ん生を評して「飄々」と言う。それは印象としてまちがいではないが、その言葉の持つ得体のしれないムードにだまされてはいけない。「らしく」なく演じ、リズムやテンポから超越したように見える人ではあったが、語り口の基礎にはしっかりしたフォームがあったから、聴き手はみんなひきつけられたのだ。とくに場面転換の際の地語りには講談の調子を採り入れた音楽的な魅力があった。

102——落語の手段と目的

五代目古今亭志ん生は、しばしば〝らしからぬ〟人物描写をしながらも、落語の王座を占めていた。志ん生礼讃の声は絶えることがない。ならば、落語における〝らしさ〟の意義は何なのか。

いやいや、志ん生は理屈を超越している、桁ちがい、並外れ、融通無碍《むげ》。そこに志ん生の破天荒の魅力があるのさ、と、通り相場で手を打って、したり顔を決めこんでしまうと、志ん生も、落語も結局わけがわからないままになる。

「らしく」するのは、落語のいわば宿命である。左手で丼《どんぶり》を持つ形をとって、右手の扇子で箸を表し、そこにありもしない蕎麦やうどんをたぐってみせる。宿命を逆手にとるようにして、落語は芸を確立し、三百年の歴史を持った。

「らしく」演じること、それは本来、落語の「手段」だった。「目的」ではなかったのだ。だが、演技修業の過程においてその手段が目的のようになる。その目標が高度になれば、やがてそこに「名人」像が生まれるということである。

「らしく」が手段の地位に飽きたらず、目的を目指すようになると落語は芸術的に高く評価されるようになるが、手段が目的になりきってしまうならば、本末の転倒が起きて、落語は衰退の道に入るだろう。聴き手は「らしく」では笑わない。「らしく」はやはり、聴かせるための手段である。

では、落語の真の「目的」は何か。

待ってました！　それ、「笑い」でしょ。落語の目的は笑いにある。そのために「らしく」演じるのです――、という理屈が得たりと前へ出てきそうだ。志ん生なら、そしらぬ顔をする場面だけど。

おそらく、ある段階までは、「笑い」は目的だったかもしれない。ゲノム状態の落語では、かなりそうだったように思う。われわれが日常言う冗談だって、「笑い」が「目的」にはちがいない。

だが、もう少し考えると、その日常的な「冗談――笑い」も、じつは人間関係――社交という目的のための手段だったりする。ましてフィクション性と演技性を高度にした落語の場合に、「笑い目的論」は、「笑い至上論」同様に、いまとなっては単純にすぎるだろう。

少なくとも、三遊亭圓朝以降の東京落語は「笑い」で割り算すると大きすぎる余りが出る、そんな芸能になった。その功罪を議論するのは可能だが、それはさておき、「笑い」もまた目的ではなく手段のように思われる。

「笑い」も手段、「らしさ」も手段。「ありそうもないことを、さもあるかのように」の圓生説と、「ありふれたことを、ありそうもないほどおもしろく」の小三治説が共存するゆえんである。

目的は——、とりあえず座芸で、一人語りで、会話構成で、笑いを基軸にしたフィクション・ストーリーの小宇宙を築くこと、とでも言うしかないのかな……。

何だ、つまらない。そう、泰山鳴動して落語一席。落語は、述語と目的語がないと成り立たないような杓子定規な主語なんかじゃない。目的と手段が互いに「おれはいったい誰だろう」と言っているのさ——。

103——ニュースが落語を超える

「らしい」だの「らしくない」だのにいつまでもとらわれるのは、落語の話らしいようでらしくない。でも、「虚実皮膜の間」ではないが、「芸」というものは、ここを避けて通れない。「うそ・ほんと」次元の話にしたって、動物の知恵にはない、人間の特許項目なのだから。「らしく」と「らしからぬ」の間を浮遊しているのは、何も落語家の演技だけではない。「ありふれたことを、ありそうもないほどおもしろく」する落語であれば、噺そのものが実と虚の中間にある。ありえないほど空疎でもなく、どこにでもころがっているほど退屈でもないというわけだ。

人の世の常か、二十一世紀の世の中でも、落語と現実が一致するようなことが起こる。

賽銭箱に突っ込んだ手が抜けないまま御用となった賽銭泥棒のニュースが新聞に載っていた。これは噺そのままと言いたいが、噺のほうがもう少し知能犯だった。人情噺『双蝶々』の主人公、悪党の長吉は、子どものころに賽銭箱の中へ糸でくくったカブトムシを垂らし、賽銭を抱えさせては引き上げている。

「子どもの細腕でも入りにくい構造の賽銭箱。なのに、おとなが動けなくなって捕まった。現実が落語を超えてしまうのだから、うかうかしてはおられません」と、桂文珍は身を引き締める。ただし、付け加えて、「握った銭を手放せば腕は抜けたかもしれませんなあ」。

「事実は小説よりも奇なり」を地でいく話だが、落語が決して言語上の楼閣でないことも身にしみてわかるというものだ。庭園付きの大邸宅と見誤って日比谷公園に忍び込んだり、こぢんまりとした一軒家を狙って交番に侵入しようとした落語のヘマ泥棒は、どうやら架空の動物ではないらしい。

金融機関に押し入って「金よこせ」と脅迫はしたものの、空腹のためにそこでエネルギーが尽き、そのままへたり込んで取り押さえられた男のニュースを聞いた。滑稽を通り越して哀れだが、落語『穴どろ』の素人泥棒のほうが、留守座敷の残飯をさんざ飲食しただけ、したたかだったということだろう。

恨みから殴り込みを決意したものの、先方の家を見つけられず、散弾銃を手に交番で道を聞いた男のニュースもあった。もちろん、見とがめた警察官によってあえなく逮捕されたのだが、男の職業は小学校の教諭だった。未遂なので微罪扱いだろうが、こう条件がそろうと新聞は喜んで書きたて、落語作家はお株をとられる。

隣家の美女の顔をもう一度拝みたいばかりに、かこつけの訪問を思いついて、「少々うかがいますが、隣の鳶頭《かしら》の家はどこでしょう」――。『三軒長屋』のこの若い衆も、すぐにその構想の不備に気づいて実行はしなかった。

落語と現実のどっちがありそうか、なさそうか、よくわからない。散弾銃片手に交番を訪れた男が教師でなく落語家だったら、新聞はどんな記事にしたことだろう。

104—落語人物園

落語に出てまいります人物と申しますと、たいがい決まっておりますな。熊さんに八っつァん、大家さん、横町《よこちょう》の御隠居さん、ばかで与太郎、ひとのいいのが甚兵衛さん、なんという具合で……。

決まっておりますな、と落語家はまくらで言うが、べつに決まっているわけではない。簡潔に言い立てる都合で選べば、人材はそんなところ、ということなのだ。甚兵衛さんなどは、それほどいつも出てくるわけではない。

落語には、もっといろいろな人間たちが登場する。だいたい、この言い立てに一人も女の人が顔を出さないとは何事だ。男社会の時代に成立した、ほとんど男の演じる芸だとはいえ、女性がヘゲモニーを握っている落語ストーリーは少なくないのに。

熊さんと八っつァんは女房がいたりいなかったりするが、『大山詣り』のホラ熊さんにはれっきとしたおかみさんがいるし、『たらちね』の八五郎は新婚ホヤホヤのお婿さん、大家さんには「ばあさん」呼ばわりされる古女房が付き物で、『搗屋幸兵衛《つきやこうべえ》』の場合は、少なく見積もっても三人目のおかみさんと暮らしている。

隠居はどういうわけか、女中付きの一人暮らしが多いようで、女性長寿の現代とはだいぶちがう。むかしは産前産後に妊婦が他界するケースが多かったからか——、と考えすぎることはない。話の都合上、隠居は侘住《わびず》まいをしているだけのこと。そのほうが、らしいのです。

生活力が弱そうなのに甚兵衛さんが女房持ちなのは、ウッカリ亭主にシッカリ女房というユーモラスな構図のためだし、愚鈍で女房子が養えず、ほとんど独身の与太郎も『ろくろ首』では婿入りするし、『錦《にしき》の袈裟《けさ》』では甚兵衛女房型の賢妻に恵まれている。

そのほか、長屋一族のかみさん連は落語の常連だ。女性ならではの芸者、花魁《おいらん》は出番が多い。妾《めかけ》と正妻が火花を散らす『悋気《りんき》の火の玉』、『悋気の独楽《こま》』、『一つ穴』の女模様もあれば、『青菜《あおな》』には上流の奥方が三つ指ついて登場する。

男の種類は数え切れない。ほとんどの職種、身分が顔を揃える。商人は大店《おおだな》の主人から巷《ちまた》を歩く物売りまで、職人は大工、左官、鳶《とび》……。『不動坊』には、紙の漉《す》き返《がえ》し屋という珍しい職種まで登場する。むかしもリサイクル業者がいたってことがよくわかる。道楽者の若旦那、幇間、博徒の親分とその子分、はては願人坊主《がんにんぼうず》にいたるまで、といった具合である。

もちろん、武士も現れる。浪人あり藩士あり、大名も登場。赤井御門守《あかいごもんのかみ》などという、のんきな殿様。『はてなの茶碗』では近衛あるいは鷹司《たかつかさ》関白殿下と、いつのどなたかはっきりしないが帝《みかど》がちょっぴり口をきく。

落語の人物はしかし、ほとんど実在した特定の個人ではないし、小説や芝居の人物とちがって、しばしば特定の姓名をさえ持たない。熊さん八っつァん、清《せい》やんに喜《き》い公、およそ類型的で平凡な名前ばかり。人物A・B・Cにひとしい。名なしのことさえある。

それはなぜか？

105―「さる」は人類

「麹町《こうじまち》にね、さる旦那がいたんだ」

「(笑いだし)あっらァま、そうですかあ。生意気にねえ。そばへ寄るってェと引っ掻くんでしょうねえ」

「何が？」

「猿の旦那で」

「(嫌気がさし)何を言ってるんだよ、もう。そうわからねえから喧嘩ンなるんだよォ！猿の旦那がいるわけァないだろッ。(噛んで含めるように語気強く)名前が言えないから、某旦那《さる》というのッ。ねえ？……」


これは古今亭志ん朝の演じた『厩火事《うまやかじ》』の一節(ちくま文庫「志ん朝の落語」第一巻)。

志ん朝に限らず、誰もがやるコーナーだ。

「名前が言えないから」というのはこの〝兄さん〟なる人物の都合、あるいは思惑によることで、噺としては、また聴き手にとっては、その旦那の名前はじつはどうでもいい。余計なものは不要。十九世紀ロシアの大河小説みたいに寿限無もどきの長い人名がやたら出てくると、読み物ならぬ聴き物としては肝心のストーリーが行方不明になるおそれさえある。猿でないことさえはっきりすれば、それでいいってことだ。

だいたい、この『厩火事』で口をきく三人の人物のうち、名前が特定されているのは、麹町に行けば猿の旦那がいると思う、ふつつかな「お咲《さき》さん」だけだ。そのぐうたらな髪結いの亭主も、毎度夫婦喧嘩の尻を持ちこまれる仲人役の兄さんも、特別の名前を持ってはいない。

亭主のほうはたまに八五郎と命名されている場合もあるが、落語の住民台帳に記載されている様子はない。これも〝さる〟髪結いの亭主のほうがずっと似合っているし、噺の都合もいい。兄さんは紛れもない「さる」だ。名前はまだない、のではなく、名前は死ぬまでなくていいのである。漱石の「猫」も、お咲さんに言わせれば猿になっちまう。猿に化けた猫？化け猫は猫のままでこわいんだけど。

その「お咲」さんだって、どうしても必要な名前とは思えない。お梅さんでもお兼さんでもいい。明治大正の下町を忙しく駆け回る、働き者で健気な、ただし無教養でそそっかしくて情にもろい、腕に覚えある女髪結いらしければ、どんな名前でもいいのだ。鹿鳴館で妍《けん》を競った貴婦人たちと区別がつけばいいってぐらいのもの。

やりようによっては、彼女もまた無名のままでなんとかなってしまう。登場人物が少なく、その構図が単純明快な噺だから、さる女髪結い、その亭主とその兄貴分というだけで必要にして充分である。

落語の人物名は、こんなものだ。名前があっても、洒落で付いている場合がある。演者によって名前がちがってもかまわない。ひとつ口演の中で混乱さえ起きなければいいわけだ。〝さる〟人物、あるいは熊さん八っつァんのようなありきたりの名前のほうが都合がいい。落語の人物は、みんないつも〝私たち〟なのだから。

お咲さんよ、「さる」も人間なのです。

106—落語は人生劇場

名作落語のひとつに数えられる『厩火事』は、亭主への愛憎に揺れる女ごころを描いている。

主人公、女髪結いのお咲は、ぞっこん惚れて現在の亭主と一緒になったが、どうも夫婦喧嘩の絶え間がない。〝髪結いの亭主〟を地でいく、様子はいいが怠け者の亭主は、かなりわがままである。わがままを助長するのは、惚れた年上の女房の甘やかしなのだが、それを自覚する二人ではない。

経済的に亭主を支配しているつもりのお咲は、根が勝ち気だから、亭主のわがままにはすぐに腹が立つ。腹は立つが、お咲には心理的に、おそらく性的にも……、亭主を支配している自信がない。六つも年上というハンディがお咲を不安にしている。別れたい衝動はたびたび覚えるが、どうしても別れられないお咲。そんな女ごころをもてあそぶつもりがあるのかどうか、わがままで冷酷かと思えば、またやさしく慰め、甘い言葉をかける亭主。

喧嘩のたびに相談をされ、なだめたり叱ったり、意見をしたりする兄貴分は身が持たない。もてあそばれているのは、むしろ彼ではないのか。きょうという きょうは別れたいとお咲が言うから、賛成だと言ってやったら、逆に食ってかかられた。兄貴分としては夫婦もろとも縁を切りたいくらいだ。

そこで中国と麹町の故事を聞かせて、亭主の心を試す秘策を授けてみたら……、という噺である。

お咲を六つも年上の世話女房にし、猿の旦那が実在すると思うような素っ頓狂な女にしたのは、夫婦喧嘩のありふれた世間話を「噺」に仕立てる知恵だ。亭主を「ヒモ」同然にしたのも同じことである。

亭主が社会的な活動を立派にしていても、女房に稼ぎがあってもなくても、また夫婦の年齢差がどうであろうと、長く一緒に暮らせば夫婦間にトラブルの一つや二つは起こる。その平凡なトラブルが格別の出来事になった、ということ。

最近は結婚も離婚もだいぶ安直軽率になってきたとはいえ、大多数の夫婦は、少なくとも心の奥底で一度くらいは別れ話の灯をともしながら、別れることもなく共白髪まで添いとげるものである。

お咲夫婦は、「夫婦」というものの、切ろうとしても切れない絆を言わずして語っている。ごくふつうの夫婦とはひと味ちがったあり方にして聴き手に他人事のように思わせておいて、じつはどこにでもある夫婦の心の機微を落語のレンズでズームアップしているのである。

落語は人物に特殊な設定を施して笑いを生むが、その設定をはずしてみれば、そこには私たち同様の普通人、一般人がいる。うっかり笑っていると、落語に笑われることになる。おもしろければおもしろいほど話は突飛に見えるが、落語の実体は、一般人の日常性あふれる人生劇場なのだ。人物名なんて落語の国へ紛れ込んだ私たちの、世を忍ぶ仮の名にしかすぎない。

107—「新作」と〝古典〟

しかし、落語が私たち一般人を描いていると言うのならば、落語の多くがなぜ〝古典落語〟なのか。どうして江戸時代や明治大正を舞台にし、駕籠や人力車に乗っていて、バスや飛行機には乗らないのか。古いフレームを捨てずに、どうして現代に通じる人間を描き、それを現代の人に語り伝えようというのか。

それは――、〝古典〟は長年にわたって大勢のはなし家に磨かれて揺るぎない名作名場面に仕上がっているから、その時代背景を現代に移すのは至難だし、得策でもないし、多くの場合その必要もないから――、という回答では、まちがってはいないけれども、逃げになってしまう。作意を抽出して現代に置き換えるぐらいの脚色行為があってもよかろう、と言われたら二の句が継げまい。

〝古典落語〟も最初のころは新作でした、と言う人がよくいる。もっともらしいが、どうにも始末の悪い迷論だ。だいたい、古典VS新作式の白黒二元論は一見わかりやすくて、しかし何の解決にもつながらない。事件や戦争は、いつもこういう単純思考から起きていた。

落語三百年の歴史を見れば、洒落や小咄や、物語、芝居、民話などなど、さまざまな要素が融合発酵して次第に噺が整ってきたことがわかる。落語作者というものはいたが、彼らが作った噺のゲノムがそのままに後世にまで伝わった例はほとんどない。無数の脚色、ヴァリエーションの集積が噺を形成し、成熟させた。いまもなお少しずつ噺は変化している。

その意味では、時代をどうさかのぼっても、現在言われるような意味での「新作落語」はほんの少ししかないと言わざるを得ない。言い換えれば、本来の意味で「古典」と呼ばれるべき作品は落語にはないのである。古い噺の便宜上の呼称として、西鶴や近松の作品と同様に「古典」を用いてしまったことは、まして新作・創作落語と対比してしまったことは、ひどいまちがいだった。

それにしても〝古典〟といわれる落語は変わらなすぎるけれど、じつは、古いままのほうが都合がいいことも少なくない。現実の社会、世相、風俗そのままでは、かえってフィクションが作りにくいということはある。リアリズムとフィクションの関係は元来微妙なものではあるだろう。まして落語なのだから、ナマナマしさは遠慮したい。

遠浅の海に突き落とされて、水深膝までの品川の渚で横向きのまま溺れかかった――、などは、きのうきょうであるよりも、三代か五代程度の祖先の時代であるほうが、むしろもっともらしいということだ。近からず遠からずの歳月のへだたりが、ありそうであり得ないおもしろさにつながる。

噺が芸を生み、芸が噺を育てる循環が次第に大きな動きになったころから、落語の生命は同時代への風刺性だけで済むものではなくなった、と私は見ている。

死語や化石的事象は整理されてしかるべきだが、通用する事柄はあえてリニュアルしなくてもいい。ＴＶドラマでも相変わらず時代劇は作られているではないか。

これは新作落語否定論ではない。むかしながらの古典VS新作の議論など、もう意味も値打ちもないということなのだ。落語家を古典派と新作派に色分けする考え方はもっともっと意味も値打ちもない。

こういう考え方が一般的になれば、新作作りに励む若手落語家たちも仕事がしやすいだろう。平成の新作には、昭和までのものには見られない、やがて古典になるであろう、なってほしい秀作が少なくない。

108――「江戸」より落語

〝古典落語〟が変身しながら今日に残り、さらに生きのびるとすれば、そこに描き出される江戸は、明治大正の東京は、もちろん正真正銘そのものの再現であろうはずもない。これまでだって、ずっとそうだったのだ。

せいぜい、いまの聴き手が、また近い将来の聴き手が、江戸〝らしく〟、明治大正〝らしく〟感じるという程度のものだ。疑似江戸、疑似明治体験でいい。落語に限らず、芸能の本分は歴史的事象の再現にはない。

過ぎ去った時代のフレームを用いて現実と一定の距離をおきながら、じつは現実に通じる人間のドラマや世相を眺め、笑いの潤滑油でなめらかに楽しむのが落語なのだから、疑似であろうがなかろうが江戸体験は二の次でいい。落語家は江戸風俗、江戸人情のリポーターとなるために修業をしてきたわけではないのだ。

だからと言って江戸の故実や地名、人物など、かつての事実、事物をデタラメに取り扱っていいということではない。いい加減なことを言うのなら、古い噺なんかやるな。才能ある演者なのに、そのあたりの詰めが甘く、画竜点睛を欠く例があるのは残念だ。テレビ時代劇なみのお粗末な背景では、種や仕掛けに乏しい落語の場合、何もかも〝らしくない〟、たんなるジョークの展示場と化してしまう。それでは三十分も四十分も古いストーリーを聴かせる意味がない。

〝古典〟の舞台が遠いむかしであればあるほど、江戸時代の、明治大正の、何を捨て、何を残して現代に〝らしい〟時代を創出するかが問われるわけで、そこがこれからの演者の大事な見せ場となる。

109―落語の江戸弁、上方弁

はなし家のつかう「言葉」だからといって、それが江戸時代そのままであるわけはない。そのままでは現代の、次の時代の人々に通じにくい。通じたとしても共感は得られまい。ヘンなコトバ、気持ち悪ーイ！　でおしまい。

能狂言、歌舞伎、浄瑠璃などのせりふや詞章は文字で残されているからみだりに変えられないが、発音や調子は時代とともに少しずつ歩んで、おそらく百年前とはだいぶ様相を異にしているのではあるまいか。歌舞伎ぜりふのタッチは、私の半世紀超の観劇体験からも、かなり変化していると言える。

ましてキーワード以外は演者が言葉を自由に選んで構成できる落語である。大きく変わって当然だろう。明治大正、いや昭和初期の落語レコードを聴くと、言葉のちがいを痛感する。だから、言うまでもないことだが、文楽、志ん生、圓生の、あるいは小さん、志ん朝のコピーになり下がったままの演者に明日はないのである。

三遊亭遊三《ゆうざ》は四代目三遊亭圓馬（一八九九〜一九八四）門下だが、若いころ六代目三遊亭圓生に目をかけられ、ずいぶん噺を教わっている。そのころのことをまくらで述べることがあって、発音やアクセントを細かく注意されたという。圓生によれば、江戸弁は、たとえば「東海道」と言う場合には頭の「と」に、「赤とんぼ」なら「あ」に強いアクセントがあるべきだ、また、馬は「うま」ではなく「ンま」と頭音で唇を閉じるのだ——と。

遊三は東京の生まれ育ちだが、「あたしのは東京の標準語、圓生師匠のは江戸弁なんですね」と言っている。たしかに『妾馬』を「メカンマ」、『付き馬』を「ツキンマ」と言っていた圓生だったが、後輩が無理してそう発音しても生きた芸にはならないだろう。

三木露風作詞、山田耕筰作曲の名歌『赤蜻蛉《あかとんぼ》』の「夕焼小焼の赤蜻蛉」は、江戸弁のアクセントで節付けされている。現代標準語がすべてだと思っている、ある歌の専門家がそれを作曲上の欠点のように言っていたが、彼は落語にも歌舞伎にも無縁の人で、山田耕筰が播磨屋《はりまや》——初代中村吉右衛門と同年の江戸っ子であることさえ知らなかったのだろう。

名曲にまでケチをつける識者がいるくらいだから、言葉はどんどん変わっている。それがいけないとは言えないが、それでいいのだとも言い切れない。まあ、その時代時代で江戸弁らしいと思われるあたりでいいんじゃないでしょうか、と柳家小三治が高座で述べたことがあった。

ある東京の若手が『祇園会《ぎおんえ》』をやったとき、京都弁がまるでできていないとくさした評者がいたが、そういう誰にでもわかることで鬼の首を取ったように言うのは芸能オンチである。たしかに落語は「言葉」に始まるが、「言葉」に終わるものではない。

かつて、江戸、京都、大坂——三箇都《さんがのつ》の言葉を話し分けるはなし家が名人として珍重された時代もあった。本当にそんな能力があったかどうかは疑問だ。交通・通信手段が未熟な時代には各地の言葉の交流が少なかったから、それぞれをほどほどに〝らしく〟こなせる演者が超能力の持ち主と思われたのではなかろうか。

いまは、それぞれの土地の言葉や方言もすっかり純度を失っているし、東西の人々——落語家の、ではない——の往来が盛んになって、みんなが日常さまざまな言葉を耳にするようになった。むろん、東京で上方落語をなかなか聴けない時代も終わっている。何弁がうまいのまずいのなどは、もはや論外。今後ますます、落語は〝らしい〟言葉で充分ということになるだろう。

むかしから落語は、田舎者の言葉をどこの方言とも判断しがたい落語特有の俚言《りげん》にして演じてきた。〝らしい〟言葉ですませるほうがむしろ正統な落語の演じ方なのである。

110—粋と江戸前

ことのついでに——。

江戸東京落語は、すべからく「江戸前」で「粋《いき》」であるべし、と信じている人がまだずいぶんいる。ご当人がどんな暮らしをしているのか知らないけれど、いまだにいる。

そんな考えがそもそも、まちがいのもとだ、と言いたい。先日まで東京が江戸だった明治のころは、そんなことを言う必要も、考える意味もなかったのじゃないか。実態が江戸離れしたから言っているんだ、とおっしゃるのだろうが、すでにその地点で、まちがいが始まっている。

「江戸前」のレッテルは商品価値を生むのでいろいろなところに使われるが、「江戸弁」同様に江戸前って何だ、と考えると、ひどく怪しいものになってくる。

幕末のころの料理法のままでは、塩辛すぎて現代に通用しないという話を聞いた。板前が江戸前だ正統だと威張っても、食べる人がいなくなれば「料理」としては消えるしかない。高座で納まり返って客席を眠らせるはなし家と同じことだ。

「江戸前」が少しずつ変身して、それぞれの時代が納得する姿になっている。変わりたくなければ滅びるだけだ。私たちはやはり、自分の生きているこの時代においての「江戸前」を味わうのみなのである。どこの土地にもある○○風の「風」とちがって、江戸だけの「前」には、「風」にまさる値打ちがあると思っているのだろうか。

『大工調べ』の棟梁の啖呵が、江戸前で歯切れがよくて魅力的だと思う人は多い。ああいうものを江戸前というのなら、江戸趣味も底が浅い。喧嘩言葉のどこに江戸の洗練を見るのか。あの啖呵が聴かせどころと思って大車輪でまくし立てる演者、そこで拍手する聴き手、ともに少し考えてほしい。

あの噺は啖呵のためにあるのではない。棟梁政五郎の啖呵は、真似して失敗する与太郎で笑いを生むための手本あるいはサンプルの役割がまず第一義なのだ。「芋《いも》を洗いましょう、薪《まき》を割りましょう」が聴き手の耳に残るから与太郎の「薪を洗いましょう」がどっとウケる。手本なのだから、啖呵は聴きとりやすくなければならない。江戸前に演じる以上に端正な口調が必要ではないのか。

江戸前の話からそれるが、こういう錯覚はいくらでもあって、『黄金餅《こがねもち》』のエッセンスは江戸の地名を連ねる「道中づけ」にあると意気ごんで、かえってトチったり、それをあげつらったり、という見当ちがいの芸論議があとを絶たない。

江戸東京の落語だからと言って「江戸前」である必要はない。口調ばかり江戸前風でも、噺の核心や人間のとらえ方が不備だったら、聴き手は耳を傾けもしないし、せいぜい付き合い笑いをしてくれるだけだろう。

さらに「粋」となってくると、ことは江戸前より一段と抽象的だから、もっとヘンテコになる。「粋」とは何か、何をみんなは「粋」と感じるのか。江戸の人々の「粋」と現代のわれわれが感じる「粋」とは近いのか遠いのか？

ひじょうにむずかしい話なのに、ごくあっさりと「粋だね」と口の端に掛ける。それでお互いになんとなく話が通じたように思い合えるのだから、落語が素材にしている「言葉」というやつは曲者《くせもの》であるような、だけど頼りにならないような、不思議なシロモノである。

物事にあまりこだわらずに洒落のめしたり、また、とんがった人間関係を笑いでしなやかにかいくぐる生き方――それが人生学だから、そのあたりを「粋」とイメージするのはたやすいことだ。

だが、落語にはそれとは逆に、妙にこだわる人間の性《さが》がおもしろく描かれているケースが多い。それって、粋じゃなくて野暮なのでは？

ま、野暮を観察して笑うのが「粋」なのだろうか。朗らかに笑えるのなら「粋」と言えるかもしれないが、あざ笑うのだったら、粋というよりキザだろうね。

娘が吉原に身を沈めて調達した更生資金を、見ず知らずの投身未遂者に与えてしまう『文七元結』の長兵衛は、「粋」な江戸っ子なのだろうか？

『文七元結』は大阪では成立しない噺だと言われる。長兵衛の江戸っ子気質は、大阪人にはあまりにも現実味がないと言うのだ。そう思えば、彼は江戸っ子の典型を、じつは歯をくいしばって演技している。そのやせ我慢を「粋」と言ってもいいのかしら？

この噺に名演を残した六代目三遊亭圓生は言う。

「あたくしのおやじ（五代目圓生）は『文七元結』を十八番にしていまして、たしかに他の人を寄せつけないものでしたから、あたくしもおやじの生前には『文七元結』はやらなかった。ですが、おやじは江戸弁がじつにいい人でしたから、長兵衛が粋になりすぎるんです。あたくしの考えでは、博打に夢中になって身を持ち崩すような男ですから、長兵衛は不粋な人間なんです」

圓生は不粋をブスイとは言わず、〝ブイキ〟と言った。女房の着物を借りて吉原の大門をくぐる長兵衛は、ブイキであるほうが噺の彫りを深くする、とも言えるだろう。

事情が判明して文七の主人が返却を申し出た金を、本当はほしくてたまらないのに拒絶する長兵衛は――こういうところ、大阪の人はシラケかねないね――「粋」をきどった「野暮」なのではないか。長兵衛ばかりでなく、「江戸っ子」全体がそうだったようにも思えてくる。

はなし家さんよ、野暮になれとは言わないが、粋にしゃべればいいってもんじゃありませんぜ。もう長兵衛が生きていた時代じゃないんだ。そんな口先のルックスで現代の落語勝負に取り組んでも、戦果があがるはずはない。

「粋」の深みへはまると際限がないから、もうやめる。粋も江戸前も、どうやら簡潔が大切なスタイルのようなので――。

111——落語と現代生活の間

二〇〇四（平成十六）年のある日、評判のいい若手真打が珍しく『棒鱈《ぼうだら》』を演じた。

ちょっとした料理屋の二階。酔った江戸っ子と田舎侍が互いに隣座敷の客になった。聞こえてくる田舎侍の言葉が江戸っ子にはいちいち気に入らない。マグロの刺身を「赤べロべロの醤油漬け」、酢だこを「イボイボ坊主の酸っぱ漬け」。はては間抜けな数え唄まで聴かされる。「イチガチー（一月）はマチカザリイ（松飾り）、ニガチはテンテコテン（初午《はつうま》）、サンガチーはお雛様」。バカッ、田舎侍！

喧嘩になった。侍は抜刀、大騒動だ。階下で料理をしていた板前が胡椒《こしょう》の粉を手にしたまま駆け上がってきて、懸命の仲裁。無意識に胡椒をまき散らしながら制止したので、双方は喧嘩どころかクシャミに苦しむ。喧嘩はどうなった？「心配いらねえ、故障（胡椒）が入った」

いま故障と言えば、機器類がこわれたり、機能不全のために正常に作動しないことだ。車輌故障のために電車が止まることはよくある。飛行機ならエンジン・トラブルなどと言って、あまり故障とは言わない。一般的にも新語の「不具合」が故障のお株を奪いつつある。むかしは、差し障りが生じること、異議を申し立てること、妨害することも〝故障〟と言った。喧嘩そのものも「故障」だろうが、それを鎮圧するのも「故障」。その鎮圧の立役者が胡椒だったというわけ——だと、いまの一般の聴き手にすっきりとわかるだろうか？

なのに、その若手真打は「故障」のむかしにいっさい言及しなかった。ついでに、棒状に堅く仕上げた干鱈《ひだら》を「棒鱈」と言うこと、その武骨な形状から酔漢や田舎侍を「棒鱈」と悪く言ったことにも触れなかった。

故障と胡椒の地口は『くしゃみ講釈』にもあるが、それはサゲを導くフレーズになっていて、サゲそのものではないから、注釈を怠っても許容範囲ではあろう。

同じころ、有望と目される二ツ目が大ネタ『鰍沢《かじかざわ》』に挑んだ。この噺をこなせない、いや、避けて通る真打が多数いるのに、彼がとにもかくにも数百人の客をひきつけたのは立派だったが、「お題目」という仕込みのひと言が完全に脱けていた。

身延山《みのぶさん》に詣でたあと、雪道に迷った旅人は山中の一軒家に一夜の宿を乞う。偶然にもその家の女房は旧知の女郎のなれの果て。

女房は金目当てに旅人を殺そうとするが、知らずに亭主が毒酒の大部分を飲んでしまう。雪中を逃げる旅人、鉄砲を持って追う女房。旅人は崖から激流に落ち、筏《いかだ》とともに流れ下る。

筏は解体、一本の木材にすがる旅人。女房の射った弾丸はそれた。この大難を逃れたのも祖師のご利益《りやく》——。

「お材木（お題目）で助かった」

主人公は噺の進行の折節に、しきりに「南無妙法蓮華経」とお題目を唱えている。

「……とお題目を唱えながら」を二ヵ所ぐらいでさりげなく言っておけば、この拙劣なサゲも機能不全には陥らない。そんなことは、『鰍沢』で名演と讃えられた六代目三遊亭圓生でさえ、決して怠らなかったことだ。大ネタの口演に自己陶酔した結果だろうか。

やはり同じころ、中堅でなかなか活躍している演者が『茶の湯』をやった。

デタラメ風流の茶道、原料に青黄粉《あおきなこ》を使った。泡が立たないので椋《むく》の皮をぶち込む。今度は泡だらけ。それでも、風流だなあ！　椋の樹皮は発泡性が高いので洗浄やアク抜きに使ったという。

演者は、椋の皮を「むかしの洗剤ですな」とひどく短絡したが、それはまあいいとして、そのあと「なにしろ材料《もと》が青黄粉と洗剤ですから」——洗剤、洗剤と何度も言った。こうなっては〝わかりやすさ〟の弊害になる。噺の時代環境が台なしだ。

どう説明したって椋の皮はわかってもらえないから、と註釈抜きで押し通す演者もある。説明臭くない説明をさりげなく入れるのも芸のうち、お客とのコミュニケーションだろうが、とはいえ椋の皮は説明しても実体がピンとこないかもしれない。サゲにつながるワードでもないから、ふつつかな説明ならしないほうがましだろう、と当方ものの申す気をなくしてしまう。

江戸時代とは通貨の単位も時刻の呼称も変わり、遊廓もなくなったから落語は危うい、など言う人がまだいるが、芸能はそれほどもろいものではないし、現代の聴き手はそれほど無知でも鈍感でもない。乗ったこともない駕籠に乗った気持ちで噺を聴くことぐらいはできる。現代の接客業の対応からむかしの廓や幇間を連想することも可能だ。人間と世の中さえしっかりと表現されていれば、舞台や背景は、なまじリアルでないほうが楽しめることも多い。

だが、どうにも縁遠くなってしまった言葉や事柄は、そして、それが噺の根幹やサゲにからむ場合には、上手に註釈を入れて然《しか》るべし。それが現在の、明日の聴き手と心を通わすための演者の基本的な姿勢ではないか。前座時代から一人芸の落語家は、古典にあぐらをかいて独演会ならぬ独善会に走りがちだ。それこそがいちばん落語の敵だと私は思っている。

二〇〇五（平成十七）年の早春、春風亭昇太がまくらのように高座で話したことが印象に残っている。

冬の終わりに風邪をこじらせ、声が出なくなったという。落語家仲間も心配してずいぶん声をかけてくれたが、そのころ仕事で一緒だったテレビや芝居の役者仲間は、それをはるかに上回る声のかけ方をしてくれた。

こうしたほうがいい、あそこの医者へ行ってみたら、などなど、我がことのように親身に、具体的にアドバイスをしてくれた。落語家と役者とは、こんなにもちがうものなのか——。

つまり、と昇太は言う。

役者は農耕民族。みんな協力し合って土地を耕し、作物を育てる。一人じゃ芝居はできない。みんながつつがなく協力し合って芝居が成り立つ。

落語家は狩猟民族。静岡県清水生まれの昇太から見れば漁師。一人で沖へ舟を出し、一人で網を打ったり釣り糸を垂らしたりして魚をとる。一応、仲間は心配してくれるけど、一人や二人、芸人がいなくなったって何事もないのが寄席の世界だ——。

春風亭昇太の落語は、江戸前口調でも、落語らしい語り口でもない。ふつうの人のように落語をしゃべりたい。それが、当初からの彼の考えである。一見、落語らしくないのに、昇太の独演会にはいま、大勢の客が押しかける。聴き手は昇太に〝語りかけのある〟落語を発見しているのだろう。

昇太の〝古典落語〟はずいぶん〝オリジナル〟をデフォルメするが、骨董言葉の註釈に手抜きをするようなことはない。それ以上に、彼の落語にはいつも、おもしろい人間が、現代と血のかよった人間が実在している。風邪の病床であんなことを考える彼が〝独善〟に堕する心配はないだろう。

昇太は続けて言った。

古典落語をやる人は天然ものの魚をとる漁師ですね。自分のものでもない海から釣り上げる。新作落語をやる人は養殖漁業の仕事人。卵から育てるんです。

でも食べた人は――、「やっぱり天然もののほうがうまい!」

春風亭昇太は賢くておもしろい。

112――細工は流々であれ

江戸落語『大工調べ』はいまでも人気が高い。全部やると四十分ほどになる、なかなかの大ネタだ。

「調べ」とは裁きのことで、ここでは大工職人が起こした訴訟一件をめぐる噺ということだ。

長屋住まいの一人の大工、腕は悪くないが人間がまるで幼いままの与太郎が主人公で、店賃《たなちん》、つまり家賃を滞納したため、家主は彼の仕事には欠かせない道具箱を差し押さえてしまった。

そうなると与太郎は仕事ができない。稼ぎが途絶えるということになって、店賃未納の状況はますます改善されることがない。与太郎に代わって家主との掛け合いに臨んだ大工棟梁・政五郎は道具箱返還に応じない家主に腹を立て、あらゆる落語中、もっとも過激な啖呵を切って交渉は決裂。ことは南町奉行・大岡越前守の裁判へと発展した。

店賃滞納は与太郎側の落ち度だ。だが商売道具を抵当に取るのは行き過ぎ。その地域の民生に寄与すべき家主の本分にもとる。差し押さえをするには質株の所持が必要だが、この家主にはそれが欠けていた。

政五郎の啖呵は見事で気持ちがいいが、職人の司《つかさ》として重んじられる棟梁の言動としては少し大人気《おとなげ》なかった。だが、その啖呵の言い草によれば、この家主の素姓は怪しく、また不人情な人物との定評もあった。ことがこじれるには、いろいろ背景があるものだ。

そうした事情を調べ尽くした結果、大岡越前守はまず与太郎を叱って家賃を納入させ、返す刀で家主の至らなさを指摘、与太郎の仕事を結果的に奪った期間の収入を補償させた。差し引きすれば、家主側は思わぬ多額の出費で、実質的には敗訴となった。

とにかくこの一件は落着、越前守は棟梁・政五郎に声をかける。

「だいぶ儲かったであろう。さすが、大工は棟梁」

「へい、調べを御覧《ごろう》じろ」

『大工調べ』はこういう噺だ。いまの若い人は、「細工は流々、仕上げをご覧じろ」という、むかしはよく使われた慣用句をほとんど知らないので、残念ながらこの噺は、サゲでどっとウケることはもうない。やり甲斐があって聴きばえも抜群の噺だからサゲをなんとか改良しようという試みもあったようだが、結局、実りはなかったようだ。

そんなところから「調べ」の場まで行かず、棟梁の鮮烈な啖呵で聴き手の耳を奪ったあとの、与太郎のずっこけ啖呵で笑わせて締め括る手法が近年は大勢を占めるようになった。

必ずと言っていいほど「調べ」までやったのは五代目古今亭志ん生・三代目古今亭志ん朝父子だった。この傑物二代の影響は大きく、持ち時間がたっぷりあれば、「調べ」までやる演者は必ずしも減ってはいない。

明治期のこの噺の速記を見ると、現行のクライマックスである啖呵場には大した比重がない。おそらく「調べ」の場を敬遠する動きが高まるにつれて、啖呵場が大きく成長してきたのだろう。

この一例だけでも落語というものがどう変化して二百年以上三百年にわたってこの世を生き抜いてきたかが察しられる。落語というものは決まった形を崩せないことなど全くなく、演者と聴き手が望むところをひたすらに辿って、いまに到達している。変えればいいということではないが、変えていけないものではない。

噺が可変であるならば、「芸」はもっと可変であって然るべきだ。師匠や先輩と同じようにやることの不甲斐なさは誰もが肝に銘ずべきことだろう。その上で『大工調べ』は調べの場まで行くか、啖呵場で終わるか、演者個々が選択し、聴き手も選ぶ権利とやらを行使すればいい。

さて、『大工調べ』をこの段階で採り上げたのは、ここまでいろいろな角度から述べてきたことを集約するのにふさわしい題材だと思ったからだ。聴き手が喝采する場面もあればダレ場もある。この噺の登場人物は男ばかりだが多彩で、場面の転換もたっぷりある。しかも、決して地語りで説明はしないが、家主と店子の関係、職人と親方(棟梁)の間柄、家主に求められる資質とそれを必要とする社会体制などがたっぷり織り込まれている噺だからだ。

こうしたさまざまな要素をたっぷり汲みとりながら『大工調べ』を楽しんで聴ける人ならば、じつは本書の読者になる必要はない。

そういう人ならば、他のどんな噺からもさまざまな栄養分を摂取することだろう。そしておそらく、落語を生涯の友とするにちがいない。

啖呵場を『大工調べ』の肝心要《かなめ》だと思っている段階では、まだまだ当分長寿を保つとしても、むかしの名人の墓参りばかりしたり、次世代型の演者との間に厚い壁ができたりして、落語との付き合いが続くかどうかは怪しいものだ。

ここまで言えば、そろそろ筆をおく潮時だろう。あとはこの最終項に何も置き忘れがないよう、ほんの一筆。

むかしの人はよく、「細工は流々、仕上げを御覧じろ」と言った。職人が言えば、胸を張った誇りのひと言だ。

「リュウリュウ」は他に槍をしごく形容に使われるが、これはカナのままらしい。「粒々辛苦《しんく》」という、爪に血がにじむような表現もあれば、「筋骨隆々《りゅうりゅう》」という逞しさの形容もある。

細工の場合の「流々」は流儀流儀という意味である。

ものごとにはなんでも、それぞれの流儀がある。やる人によって手法も手順もちがうけれど、結果が、仕上がりがよければ文句はあるまい。おれにはおれの「流」がある。黙って見ていろ。

で、大工は棟梁、調べを御覧じろ、でサゲとなった。

と、ここまで来たら、明敏なる読者はもうおわかりでしょう。

いまの、これからの落語家のみなさん、どうか胸を張って「細工は流々」に磨き、「仕上げを御覧じろ」と高らかに言ってほしい。

人の住む家を建てる職人があまりに流々勝手では少しこわいが、芸の世界であれば命に別状は生じない。「流々」の落語家と「流々」の聴き手がいまより一割増えたなら、落語は一段と魅力の花園になるだろう。まずは個々の落語家が流々の『大工調べ』を聴き手に問うことだ。

あとがき

本書は、二〇〇五年六月にやはり弘文出版から刊行したハードカバーの書籍「落語博物誌」のリニュアル版にあたる。完全に書き直したコーナーもだいぶあるため、世に言う改訂版とは性質が少しちがうかと思う。

「博物誌」の際に弘文出版の井上正弘さんは、テーマはなんでもいいから、落語について、あなたのすべてを傾けてほしいと言われた。筆者をその気にさせる光栄の言葉だった。

ちょうど平成の落語ブームが翼をひろげかけたころで、雑誌類を中心に〝落語入門特集〟記事が花盛りの状況になりつつあった。

私もいくつか註文を受けたが、どれをとっても大同小異で、どうも本気でお付き合いはしかねるものばかりだった。

長年にわたって落語を楽しみ、仕事にもしてきた身として、どうも合点がいかない。そこで、ホントはこうなんです、こういうこともあるんです……を短篇読み物にして、それを百項目ほど集めてみようか、と思い立ったのだが、どういう切り口から書き始めるかが試行錯誤のタネで、書いては捨て捨てては書き、本書の一・五倍ほどの原稿が紙屑となった。

今回のリニュアルもひと筋縄ではいかなかった。扇子の使い方などについては今更考えの変わりようもないが、芸について、今後の落語について書いたコーナーでは、十年たって私の考えもずいぶん変わっている。十年前の若手落語家はもう古手の予備軍だ。

そんなところを完全に調整するのは無理な話で、結果としては新旧の私が混在しているコーナーが少なくない。でも私以外の人間が口を挟んでいる文章は全くないので、永遠に至らざる筆者が十年がかりで書いたり消したりして、まだ少々点検に甘いところがある、落語らしいと言えば言えるズボラの書として笑っていただきたいと思う。

二〇一七年　初夏

著　者

本書は、小社より二〇〇五年六月に刊行された「落語博物誌」を加筆修正のうえ改題して新書化したものです。

京須偕充　著作リスト

1、圓生の録音室　〈青蛙房〉　一九八七年十二月刊
〈中公文庫〉　一九九九年八月刊
2、みんな芸の虫　〈青蛙房〉　一九八九年十二月刊
3、芝居と寄席と　〈青蛙房〉　一九九一年十一月刊
4、らくごコスモス　〈弘文出版〉　一九九六年六月刊
5、ガイド落語名作100選　〈弘文出版〉　一九九九年一月刊
6、ガイド落語名作プラス100選　〈弘文出版〉　一九九九年五月刊
7、古典落語CDの名盤　〈光文社新書〉　二〇〇五年四月刊
8、落語博物誌　〈弘文出版〉　二〇〇五年六月刊
9、落語名人会夢の勢揃い　〈文春新書〉　二〇〇五年十月刊
10、古典落語これが名演だ　〈光文社新書〉　二〇〇五年十二月刊
11、とっておきの東京ことば　〈文春新書〉　二〇〇六年六月刊
12、落語で江戸のうらおもて　〈ちくま文庫〉　二〇〇六年十二月刊
13、戦後10年東京の下町　〈文春新書〉　二〇〇七年十月刊
14、幇間は死なず　〈ソニー・マガジン新書〉　二〇〇八年三月刊
15、志ん朝の走馬灯　〈ちくま文庫〉　二〇〇九年五月刊
16、落語の聴き熟し　〈弘文出版〉　二〇一一年二月刊
17、こんな噺家はもう出ませんな　〈講談社〉　二〇一一年四月刊
18、落語家　昭和の名人くらべ　〈文藝春秋〉　二〇一二年二月刊
編書、志ん朝の落語（口演速記）（全6巻）〈ちくま文庫〉　二〇〇三年九月～二〇〇四年二月刊

装画——日暮修一
写真——横井洋司

京須偕充（きょうすともみつ）

1942年東京生まれ。慶應義塾大学卒。ソニー・ミュージックで「圓生百席」、古今亭志ん朝、柳家小三治、桂文珍、「朝日名人ライヴシリーズ」など多くの落語ＬＰ・ＣＤを制作。「朝日名人会」プロデューサー、TBSテレビ「落語研究会」解説者。著書に「ガイド落語名作100選」「同・プラス100選」「落語の聴き熟し」「らくごコスモス」（弘文出版）、「昭和の名人くらべ」（文藝春秋）、「こんな名人はもう出ませんな」（講談社）などがある。

これで落語がわかる
——知っておきたいアイテム112

2017年10月20日　第1刷発行

著　者——京須偕充
発行者——井上正弘
発行所——弘文出版株式会社
〒271-0092　千葉県松戸市松戸1330-4-101
電話047-366-1331
印刷所——株式会社暁印刷
製本所——ナショナル製本協同組合
組　版——山内達夫

ISBN978-4-87520-234-9　C0276

弘文出版公式ホームページ
www.koubun-shuppan.co.jp

京須偕充の本

落語の聴き熟し《こな》——噺の真意・人物の本音・演者の狙いを聴く

落語に「聴き方」はあるのか⁉ まず噺があって、登場人物がいて、噺家がいる——噺が表現したいこと、登場人物が本当に言いたいことは何か、それを演者がどのように表現するか。

本体価格1800円

ガイド落語名作100選
ガイド落語名作プラス100選

落語の面白さ、落語家の芸の奥深さを十二分に味わえる2冊‼ 名作200演目のストーリーと聴きどころ、そして聴かせる演者を紹介した大変役に立つ本。落語がますます楽しくなる‼

本体価格各2000円

らくごコスモス——落語、昨日今日明日

レコード・プロデューサーとして、圓生、志ん朝、小三治の音を世に送り出している著者が、落語と落語家の今と明日に愛惜の想いを馳せる。殊に「志ん朝ア・ラ・ロンドー」が絶品。

本体価格1800円

（本体価格には消費税が別に加算されます）